Birgit Maurer, Dieter Krainz

WENN DIE LIEBE
KUMMER MACHT

W0076446

GOLDMANN

Lesen erleben

Buch

Wer unter Herzschmerz leidet, verliert die Orientierung, ist verletzt und oft auch wütend. Die Gefühle können so überwältigend sein, dass man sich ohne Hilfe nicht mehr zurechtfindet. Wie man wieder Boden unter den Füßen gewinnt, die negativen Gefühle verstehen und entschärfen kann, zeigen die Psychologen Birgit Maurer und Dieter Krainz. Den Schlüssel dazu halten wir in unserer Hand: Selbstliebe ist der Ausweg aus Frust und Kummer und ebnet den Weg zu neuem Glück. Dieses Buch ist der Wegweiser dazu – mit vielen Tests und Fallbeispielen aus der Liebeskummerpraxis.

Autor*in

Birgit Maurer, geboren 1969 in Wien, ist Klinische, Gesundheits- und Arbeitspsychologin. Sie war unter anderem im Behindertenbereich, im Strafvollzug, im Suchtbereich und als Heerespsychologin in Österreich sowie im Auslandseinsatz (Kosovo) tätig, bevor sie 2008 die ersten Liebeskummerpraxen in Wien und Graz gründete.

Dr. Dieter Krainz, geboren 1963 in Klagenfurt, ist Psychologe und Methodiker. Er arbeitet seit 1992 als Psychologe im Kuratorium für Verkehrssicherheit (KfV). Für dieses Buch führte er eine umfangreiche Datenerhebung und statistische Analysen zu den Auswirkungen von Liebeskummer durch. Zudem ist er freier Mitarbeiter der Liebeskummerpraxis.

Birgit Maurer, Dieter Krainz

WENN DIE LIEBE KUMMER MACHT

Den Herzschmerz überwinden und neues Lebensglück finden

GOLDMANN

MIX
Papier aus verantwor-
tungsvollen Quellen
FSC® C014496
FSC
www.fsc.org

Penguin Random House Verlagsgruppe GmbH FSC® N001967

Dieses Buch ist bereits 2011 unter dem Titel »Wenn die Liebe Kummer macht: Rat und Tat aus der Liebeskummerpraxis« bei Orac/Verlag Kremayr & Scheriau KG, Wien, erschienen.

1. Auflage
Vollständige Taschenbuchausgabe Dezember 2021
Copyright © 2011 der Originalausgabe:
Orac/Verlag Kremayr & Scheriau KG, Wien
Copyright © 2021 dieser Ausgabe: Wilhelm Goldmann Verlag,
München, in der Penguin Random House Verlagsgruppe GmbH,
Neumarkter Str. 28, 81673 München
Umschlag: Uno Werbeagentur, München
Umschlagmotiv: FinePic®, München
Satz: Uhl + Massopust, Aalen
Druck und Bindung: GGP Media GmbH, Pößneck
Printed in Germany
EB · IH
ISBN 978-3-442-17859-9

Besuchen Sie den Goldmann Verlag im Netz

Inhalt

KAPITEL 5:

Vorwort

Meine prägendste Erfahrung zum Thema Liebe machte ich bereits im zarten Alter von sechs Jahren. Meine Sitznachbarin in der Schule erzählte mir, dass ihre Eltern geschieden seien. »Geschieden? – Was ist denn das?«

Sie klärte mich mit knappen Worten auf: »Das ist, wenn Mama und Papa sich nicht mehr lieb haben und der Papa dann auszieht!« Vollkommen irritiert ging ich nach Hause und fragte meine Eltern, ob sie sich lieb hätten und wir alle für immer zusammenbleiben würden. Sie sagten zwar »Ja, natürlich«, aber ihre Blicke sagten etwas ganz anderes, was ich damals jedoch noch nicht verstand. Ich spürte ein mulmiges Gefühl in der Magengegend. Dieses Gefühl sollte mir in meinen eigenen Beziehungen ein wichtiger Wegbegleiter werden.

Es folgten spannungsreiche Jahre, bis ich im Teenageralter mit der Trennung meiner Eltern konfrontiert wurde. Ich spürte die Seelenqualen meiner Eltern nicht nur während der Trennungsphase, sondern auch schon einige Jahre davor. Jeder von uns führte seinen eigenen Kampf. Ich machte meine eigenen ersten Erfahrungen mit der Liebe. Diese teilte ich mit meinen Freundinnen. Abwechselnd waren wir mit Suchen, Finden, Trennen und Verarbeiten von Liebesgeschichten beschäftigt.

Mit 17 Jahren hatte ich meinen ersten großen Liebeskummer nach einer Trennung, aber auch die Zeit während der Beziehung war sehr schmerzhaft. Ich kann heute nicht mehr sagen, was schlimmer war: die konfliktreiche Beziehung oder die Trennung.

Eines war mir aber sehr schnell klar: Kummer mit der Liebe trifft jeden von uns, sobald wir uns auf die Liebe einlassen. Nicht erfüllte Erwartungen, Enttäuschungen, mangelndes Verständnis, Konflikte in vielen Lebensbereichen – die Schattenseiten der Liebe sind vielfältig.

»Die Hölle ist kein Ort, sondern ein Zustand!« Von vielen Menschen mit Liebeskummer konnte ich ähnliche Sätze hören. Mir wurde sehr früh klar, dass ich zukünftig Menschen aus diesem Zustand begleiten und einen heilsamen Beitrag leisten möchte. Nach jahrelanger theoretischer Ausbildung und reichlich praktischer Erfahrung war es dann im August 2008 so weit. Die erste Liebeskummerpraxis Österreichs wurde in Wien gegründet. Zur selben Zeit lernte ich Dieter Krainz kennen, der meine Meinung bezüglich Existenz und Auswirkungen von Liebeskummer teilt, womit die Idee für eine gemeinsame Zusammenarbeit und ein gemeinsames Buch geboren worden war.

Birgit Maurer

Erste Erfahrungen damit, dass mit Verliebtheit und Liebe auch großer Kummer einhergehen kann, habe ich bereits im Volksschulalter über das Medium Radio gemacht. Die deutschsprachigen Schlager, die zu hören waren, handelten hauptsächlich von Liebe, Sehnsucht, Trennung, Schmerz und Trauer. Ich wollte die bedauernswerten Interpreten darüber informieren, dass es außer Liebe und Herzschmerz auch noch andere wundervolle Dinge auf unserer Welt gibt, wie etwa Fußball, Leichtathletik oder gute britische Rockmusik.

Als ich 12 Jahre alt war und im TV einen Western sah, in dem ein tapferer Held für Gerechtigkeit kämpfte, machte eine Liebesgeschichte Teile des Films langweilig. Wie kann sich ein richtiger Held nur in eine Frau verlieben und damit dem Film die Spannung nehmen? Ein wahrer Held hat Wichtigeres zu tun, als um eine Frau zu kämpfen und Walzer zu tanzen, er sollte für derartige Dinge keine Minute Zeit verschwenden.

Später, im Teenageralter, kam es zu spannenden und aufregenden Begegnungen mit Mädchen, bei denen ich zwischen Nervosität, Unsicherheit und Spannung hin und her pendelte. Im Laufe der Zeit habe ich auch erfahren, was Liebe und Liebeskummer imstande sind auszulösen und anzurichten.

Als meine Kollegin Birgit Maurer im Sommer 2008 eine Liebeskummerpraxis eröffnete, gratulierte ich ihr zu dieser Entscheidung. Ich war von dieser Idee sofort begeistert, denn in unserem Kulturkreis, in dem anstelle von »Lebenspartner« immer häufiger der Begriff »Lebensabschnittspartner« eine Rolle spielt, war die Einrichtung dieser Liebeskummerpraxis meiner Meinung nach unbedingt erforderlich.

Da ich selbst Psychologe bin und laufend mit unterschiedlichsten Menschen zu tun habe, erfahre ich von vielen, was sie bewegt und welche Sorgen sie mit sich herumtragen. Manche Personen erzählen außerordentlich schöne Liebesgeschichten aus ihrem Leben, andere wiederum machen hauptsächlich negative Erfahrungen mit der Liebe. Etliche davon leiden bereits seit Monaten unter einer Trennung von ihrem Partner und könnten mit professioneller psychologischer Unterstützung rascher aus ihrem elenden seelischen Zustand befreit werden. In diesem Buch erzählen wir einige Geschichten, die von Beziehungen und Trennungen handeln.

Um die Anonymität der interviewten Personen zu wahren, wurden sämtliche Namen, das Alter, die Berufe sowie andere soziodemografische Daten geändert.

Dieter Krainz

Einleitung

Beim Kummer mit der Liebe handelt es sich um einen emotionalen Ausnahmezustand, der Angst, Trauer, Verzweiflung, aber auch Wut, Hass und Krankheiten auslösen kann.

Betroffen sind sowohl hetero-, homo- und transsexuelle Menschen aller Altersgruppen. Unabhängig davon, welche Schul- oder Berufsausbildung wir absolviert haben, der Kummer mit der Liebe macht vor keinem von uns halt. Dennoch ist dieses Thema schambehaftet und wird häufig als Teenager-Krankheit belächelt. Zu Unrecht, denn Liebeskummer trifft Erwachsene ebenso.

Wenn es um das Thema Liebe geht, unterscheiden wir Menschen uns doch recht beachtlich voneinander. Was für den einen gut genug ist, ist für den anderen wiederum völlig indiskutabel. Manche Menschen verlieben sich in ihrem Leben nur ein einziges Mal, andere wiederum mehrmals im Jahr. Viele sind der Meinung, es ist besser, sich zu verlieben, auch auf die Gefahr hin, alles zu verlieren, als dieses Gefühl der Verliebtheit niemals kennenzulernen. So auch Alfred, Lord Tennyson: »'Tis better to have loved and lost, / Than never to have loved at all.«

Viele positive Dinge, die die Liebe bewirken kann, sind uns bekannt, wohl aber auch, was sie mitunter imstande ist, Negatives anzurichten.

Das Thema Liebe rangiert in unserem Leben eindeutig auf Platz eins. Kunst, Kultur, Literatur, Zeitschriften, Filme und andere Medien aller Art beschäftigen sich damit. Menschen beeindrucken mit ihrer Biografie oder ihrer Leistung, aber in Erinnerung bleiben sie meistens mit ihrer Liebesgeschichte. Nichts kann so berührend, schockierend oder desillusionierend wie das Liebesleben eines Menschen sein.

Was aber passiert mit uns, wenn wir mit der Liebe auf Kriegsfuß stehen, sei es in einer Partnerschaft, am Ende einer Beziehung oder als Single? Wer kümmert sich um jene Menschen, die ihr Liebesleben einmal genauer unter die Lupe nehmen und sich nicht gleich in die nächste Partnerschaft stürzen wollen? Wer kümmert sich um Menschen, die eine Weile innehalten möchten, um eine Pause zu machen?

Dieses Buch soll einen Beitrag dazu leisten, das Thema »Liebeskummer« im Erwachsenenalter zu enttabuisieren und salonfähig zu machen. Wir wollen mithilfe vieler Fallbeispiele aufzeigen, dass nicht nur Menschen in Trennungssituationen an Liebeskummer leiden, sondern auch jene, die sich in Beziehungen befinden. Jeder von uns, der sich auf die Liebe einlässt, wird irgendwann auch mit dem Kummer Bekanntschaft machen.

Der Kummer mit der Liebe setzt ein Stressprogramm für Körper, Geist und Seele in Gang und macht vor keinem von uns halt. Dieses Buch soll eine Hilfe sein, um den Kummer mit der Liebe bewältigen zu können, eigene Anteile sichtbar zu machen, Verantwortung zu übernehmen und die Selbstliebe zu stärken.

Der Schwerpunkt in diesem Buch liegt auf der partnerschaftlichen Liebe, auch wenn wir nicht unerwähnt lassen wollen, dass Kummer mit der Liebe auch in Familien- oder Freundschaftssystemen auftreten kann. Ein massiver Konflikt in der Familie oder der Verlust der »besten Freundin« bzw. des »besten Freundes« können genauso ein Stressprogramm in Gang setzen, wie es beim Kummer mit der Liebe in Partnerschaften entsteht. Kummer mit der Liebe gibt es auch häufig in sogenannten »Patchwork-Familien«. Hier handelt es sich um Familiensysteme, in denen mindestens einer der Partner ein oder mehrere Kinder in die neue Beziehung mitbringt.

Wir sind der Auffassung, dass es sich beim Kampf am Kriegsschauplatz der Gefühle um einen sehr komplexen und individuellen Leidensprozess handelt, der keinesfalls mit irgendwelchen »Zehn-Schritte-Programmen« oder Pauschalratschlägen in kurzer Zeit bewältigt werden kann. Einfach ausgedrückt: Gegen Liebeskummer gibt es kein allgemein gültiges Rezept mit hundertprozentiger Erfolgsgarantie!

Aber es gibt etwas, das Sie tun können, um den Kummer mit der Liebe schneller zu bewältigen. Nähren Sie Ihr Selbstwertgefühl und beginnen Sie sich selbst zu achten und zu lieben. Die Selbstliebe, im Sinne der Selbstfürsorge, wird Sie stärken und widerstandsfähiger gegenüber Beziehungsleid machen. Wie das funktionieren kann, zeigen wir anhand von Denkanstößen und Lösungsstrategien.

KAPITEL 1

Liebeskummer – Die größten und gängigsten Irrtümer

Es gibt eine Liebe ohne Kummer!

Die »Ur-Annahme«, dass der perfekte Partner uns von allem Leid befreit und glücklich macht, ist wohl der größte Trugschluss, dem wir unterliegen können.

Diese Annahme speist sich aus dem zutiefst menschlichen Verlangen, Positives, Zufriedenstellendes, Befriedigendes und Glücklichmachendes zu erfahren. So betrachtet sind wir auch immer wieder bereit, die Leidhaftigkeit, die Komplikation und Irritation auszublenden.

In dem Sinne kann ein Partner nicht der Glücksbringer sein, den wir suchen, sondern wir sind angehalten, für uns selbst zu sorgen und das Glück auch in uns zu finden.

Liebeskummer ist eine Teenager-Krankheit!

Nein, ganz und gar nicht! Liebeskummer kann Menschen in jeder Altersgruppe treffen, niemand bleibt verschont. Denken Sie an Trennungen, Scheidungen, Dreiecksbeziehungen, One-Night-Stands, Unvollkommenheiten des Partners oder

der Partnerin oder auch an eigene Unvollkommenheiten und den Tod des Partners.

Ich lebe in einer Partnerschaft, deshalb betrifft mich Liebeskummer nicht!

Falsch! Der Kummer mit der Liebe macht auch vor bestehenden Partnerschaften nicht halt. Andersartigkeit, unterschiedliche Erwartungen und Pläne, Gewohnheiten, aber auch die jeweilige Entwicklung zweier Menschen können immer wieder Konflikte und Kummer mit sich bringen.

Mit Liebeskummer muss jeder selbst fertigwerden!

Ganz falsch! Der Liebeskummer ist ein Stressprogramm für Körper, Geist und Seele. Er kann uns aus der Bahn werfen wie kaum eine andere Problemstellung in unserem Leben. Unser Selbstwertgefühl rast in den Keller, unser Kopf scheint zu explodieren, weil er sich mit Gedanken und Fragen quält, und unser Herz scheint zu zerbrechen. Wir sind nicht mehr derselbe Mensch – weder in der Verliebtheit noch im Kummer. Bei diesem ernst zu nehmenden Problem kann es sinnvoll sein, fremde Hilfe in Anspruch zu nehmen.

Die beste Therapie ist eine neue Liebe!

Vorsicht! Vom ersten Kennenlernen über die Verliebtheits-Phase bis hin zu einer tragfähigen Partnerschaft mit Zukunftsperspektive braucht es in den meisten Fällen etliches an Zeit. Bitte nehmen Sie sich für das Beenden einer Beziehung ebenso genügend Zeit, um diese zu verarbeiten und abzuschließen, um danach auch wirklich gestärkt und frei in ein Single-Dasein bzw. eine neue Beziehung gehen zu können. Die beste Therapie ist die Liebe zu sich selbst, im Sinne der Selbstfürsorge, um in eine gute Balance zu kommen.

Erfolg, Bildung und Attraktivität schützen vor Liebeskummer!

Ganz und gar nicht! Zahlreiche Zeitschriften profitieren vom Liebeskummer der Schönen und Reichen. Auch ein Universitätsabschluss schützt vor dem Kummer mit der Liebe nicht.

Ich binde mich nicht fest an einen Menschen und erspare mir auf diese Weise den Kummer!

Vorsicht, Falle! Wenn Sie nur oberflächliche Beziehungen eingehen, bietet diese Einstellung eine gewisse Zeit sicher eine abenteuerreiche Abwechslung, aber irgendwann holt auch diese Menschen der Kummer ein, weil vielleicht doch mal Amors Pfeil mitten ins Herz trifft und der geliebte Mensch möglicherweise nicht dieselben Gefühle hegt.

Ich gehe gar keine Beziehung ein und erspare mir damit Liebeskummer!

Falsch! Auch wenn Sie gänzlich alleine bleiben und auch sexuelle Kontakte meiden, können mit fortschreitendem Alter immer wieder Zweifel auftreten. Ein Leben ohne Zärtlichkeit, Liebe und Geborgenheit heißt in vielen Fällen auch, ein Leben mit reichlich Einsamkeit und wenig Zuwendung verbringen zu müssen. So kann es leicht passieren, dass aus der Schutzhaltung ein Gefühl der Isolation entsteht.

Männer leiden nicht so intensiv an Liebeskummer wie Frauen!

Definitiv falsch! Männer leiden häufig schweigender und stürzen sich vermehrt in verschiedene Aktivitäten – Sport, Hobby, Karriere. Kein Wunder, Buben werden vielfach mit Sätzen wie »Ein Indianer kennt keinen Schmerz« groß. Mutig sollen sie sein, risikobereit, stark und ein Fels in der Brandung. Daher ist es wenig überraschend, dass Männer eher zurückhaltend mit ihrem Schmerz umgehen und ihn nicht bei jeder Gelegenheit in die Öffentlichkeit tragen.

Gute Sexualität schützt vor Liebeskummer!

Bedingt! Sexualität kann zwei Partner sehr stark miteinander verbinden, aber sie ist nur eine von mehreren Säulen, auf die sich eine Partnerschaft stützt, wenn auch eine sehr wichtige. Sexualität ist nicht in der Lage, Gespräche, Werte und andere Gemeinsamkeiten zu ersetzen. Ebenso wenig kann ein perfektes Miteinander ein defizitäres Sexleben ausgleichen.

Homosexuelle Menschen leiden weniger stark an Liebeskummer!

Vollkommen falsch! Hier gibt es dieselben Konfliktthemen wie in jeder anderen Partnerschaft auch – Eifersucht, Treue, Familienplanung, Einsamkeit, Partnersuche etc. Homosexuelle Menschen können ebenso großen Kummer mit der Liebe haben.

Daneben gilt es noch gesellschaftliche, familiäre und berufliche Herausforderungen zu meistern: Coming-out in der Familie, im Freundeskreis, oftmals eine berufliche Schlechterstellung bei Bekanntwerden der Homosexualität und gesellschaftliche Diskriminierung. Das Zeigen von Gefühlen in der Öffentlichkeit ist für heterosexuelle Menschen selbstverständlich, homosexuelle Menschen hingegen zeigen aufgrund schlechter Erfahrungen diesbezüglich oftmals ein Vermeidungsverhalten.

Zehn Schritte, und ich bin den Liebeskummer los!

Leider nein! Es gibt kein Zehn-Schritte-Programm – weder für die Partnersuche noch für das Beziehungsleben, und schon gar nicht für deren Ende. So wie jede Liebesbeziehung einzigartig ist, ist auch der Heilungsprozess sehr individuell und intim. Pauschalratschläge können zwar Denkanstöße bieten, aber bitte achten Sie auf Ihr Gefühl. Sind Empfehlungen förderlich oder üben sie sogar noch mehr Unbehagen aus? Was für den einen Menschen hilfreich und heilsam ist, kann für jemand anderen möglicherweise völlig ungeeignet sein.

Die Zeit heilt alle Wunden!

Vorsicht! Zeit ist ein wesentlicher Faktor beim Thema Liebe – in jeder Phase des Liebeszyklus. So wie das Wachsen der Liebe viel Zeit und Pflege in Anspruch nimmt, braucht es gerade auch am Ende einer Liebe viel Selbstfürsorge, Trost und Zuwendung, um den Seelenschmerz zu verarbeiten. Vergleichen wir das mit einer Wunde. Einerseits können Sie passiv abwarten, bis die Wunde heilt, andererseits können Sie Ihre Verletzung mit unterschiedlichen Mitteln behandeln und die Heilung somit unterstützen und vorantreiben.

Heilung heißt hinschauen, das Leid und den Schmerz

wahrnehmen und versorgen und damit leben lernen, die schmerzlichen Erfahrungen und Erlebnisse in die eigene Lebensgeschichte integrieren und Frieden schließen.

> *»Die Zeit mag Wunden heilen,*
> *aber sie ist eine miserable Kosmetikerin.«*
>
> **MARK TWAIN**

KAPITEL 2

Was ist Liebe?

Jeder will sie! Jeder kennt sie! Jeder spricht über sie, aber keiner kann sie letztendlich erklären. Die Definition von Liebe kann Bände füllen. Wir wollen in diesem Buch gerne auf die partnerschaftliche Liebe eingehen und diese beleuchten.

Seit jeher stellt die Liebe eines der existenziell wichtigen Themen unseres Lebens dar und sorgt für enormen Gesprächsstoff. Aber was ist mit »Liebe« eigentlich gemeint? Gibt es die wahre, tiefe Liebe überhaupt?

Bei all den Definitionen, Büchern, Studien und Artikeln, die es zum Thema Liebe gibt, ist wohl die wichtigste Beschreibung die jedes einzelnen Menschen. Jeder Mensch kreiert sich seine Wirklichkeit und somit auch sein ureigenstes Verständnis von Liebe.

Stellen wir unseren Mitmenschen die Frage, was sie unter Liebe verstehen, erhalten wir vielerlei Antworten wie:

- geliebt werden
- Glück mit einem anderen Menschen teilen

- ♥ Verständnis und Vertrauen
- ♥ für jemand anderen da sein
- ♥ Herz und Seele offenbaren
- ♥ den Partner annehmen, wie er ist
- ♥ (totale) Geborgenheit
- ♥ Gemeinsamkeiten
- ♥ Gnade und Glück
- ♥ Respekt
- ♥ für immer und ewig zusammen sein
- ♥ Nervenkitzel
- ♥ Austausch von Zärtlichkeit
- ♥ starke Zuneigung
- ♥ erfüllender Sex
- ♥ Verschmelzung

Liebe wird als größtes Ereignis gesehen, das einem widerfahren kann, wenn etwa zwei Seelen im Begriff sind, miteinander zu verschmelzen. Wahre Liebe bedarf auch nicht vieler Worte – sie hüllt dich ein und hält dich warm, sie kommt einer schützenden Decke gleich.

Zumindest bedeutet Liebe für viele Menschen etwas Positives. Die Verliebtheit ist ein wundervoller Zustand, eine tiefgehende Erfahrung, begleitet von einem himmlischen Gefühl.

Obwohl wir nicht ganz genau sagen können, was Liebe ist, sind wir dennoch bestrebt, den Begriff »Liebe« zu definieren und zu begreifen.

Liebe beinhaltet, dass jeder Mensch das Recht auf die Freiheit hat, seine eigenen Wege gehen zu können, frei nach dem Mitbegründer der Gestalttherapie Friedrich (»Fritz«) Salomon Perls, der das folgendermaßen beschreibt:

»Ich gehe meinen Weg und du den deinen.
Ich bin nicht auf dieser Welt, um deinen Erwartungen zu genügen,
und du bist nicht auf dieser Welt, um meinen zu genügen.
Du bist du, und ich bin ich. Und wenn wir uns
zufällig begegnen sollten, dann ist es wunderbar,
wenn nicht, dann können wir es auch nicht ändern.«

FRITZ SALOMON PERLS

Dieses Zitat beschreibt sehr gut, wie wichtig die Qualitäten vom Ich und Du im Sinne von Autonomie sind und zeigt auch, wie wichtig für uns Menschen Begegnung, Beziehung und Liebe sind. Die letzte Zeile sagt uns auch, dass wir Gefühle nicht erzwingen können.

Eine einfache, aber gute Definition von Liebe stammt vom amerikanischen Psychiater Harry Stack Sullivan, der Folgendes sagte: »Wenn die Zufriedenheit oder die Sicherheit eines anderen für mich ebenso bedeutsam wird wie meine eigene Zufriedenheit oder Sicherheit, dann ist dies der Zustand der Liebe!« Diese Definition hat den Vorteil, dass sie sehr allgemein gehalten ist und daher viel Raum für persönliche Ausgestaltungen offenlässt.

Die Verliebtheit

Wir treffen einen Menschen mit einer besonderen Ausstrahlung, mit einer besonderen Aura, einem Energiefeld, das wir wahrnehmen können. Wir haben uns verliebt. Die Phase der Verliebtheit kann von einem kurzen, prickelnden Moment, bei dem sich zwei Menschen in die Augen blicken, bis zu zwei Jahren andauern. Zwei Menschen lernen einander kennen und befinden sich anfangs in dieser verrückten Verliebtheitsphase. Nächte werden zum Tag gemacht, Leidenschaft und Ekstase stehen im Vordergrund. Alles, was der andere sagt oder tut, ist aufregend und bewundernswert. Man hängt an den Lippen des anderen. Alles ist eitel Sonnenschein, nichts ist ein Problem, gemeinsam trotzt man allen Hindernissen und nichts kann die Beziehung auseinanderbringen.

Während des Kennenlernens sind wir in der Regel gänzlich kritiklos, voller Bewunderung, Verständnis und Toleranz. Die Kritikfähigkeit liegt in dieser Phase verstaubt und unauffindbar im emotionalen Keller. Das Gefühl, angekommen zu sein, das lang ersehnte Ziel erreicht zu haben, macht sich angenehm in unserem Herzen breit. Wir fühlen uns stark, attraktiv, und unendlich glücklich. So kitschig kann die Verliebtheit sein. Die rosarote Brille versetzt uns in dieser Phase in einen kritiklosen Verschmelzungszustand. Die Hormone spielen verrückt und die Schmetterlinge in unserem Bauch flattern wild umher.

Die Chemie der Liebe

Das Bemühen um die Definition der Liebe ist nicht nur ein sehr persönliches, sondern auch ein Anliegen vieler Künstler, Literaten, Filmemacher, Musiker, Poeten, Schriftsteller etc. Darüber hinaus finden sich auch in der Wissenschaft Versuche, die Liebe zu erforschen und zu erklären.

Der Satz »Die Chemie zwischen uns stimmt einfach ...«

lässt sich auch chemisch nachweisen. Der Chemiker Peter Godfrey von der Monash Universität in Melbourne macht für den Zustand der Verliebtheit die chemische Substanz Phenylethylamin (PEA) verantwortlich. Er untersuchte frisch verliebte Studierende, und diese zeigten einen erhöhten PEA-Wert im Blut auf.

Neben der Substanz PEA sind auch die Neurotransmitter Dopamin und Noradrenalin dafür verantwortlich, dass frisch verliebte Menschen einen erhöhten Herzschlag haben und Blutdruck und Körpertemperatur ansteigen.

Bei frisch Verliebten werden dieselben Gehirnareale aktiviert wie bei Kokainsüchtigen. Daher kommt es nicht selten vor, dass Menschen nach dem Verlust eines geliebten Partners von »Entzugserscheinungen« geplagt werden. Diese werden häufig mit Unruhe, Schlafstörungen, Schweißausbrüchen, Gedankenkreisen etc. beschrieben.

Der Verliebtheitszustand gleicht einer Obsession, und die Neurotransmitter schaffen einen ähnlichen Zustand wie bei Patienten mit einer Zwangsstörung. Der verliebte Mensch kann an nichts anderes mehr denken als an den heiß begehrten Partner. Wie bei Drogengebrauch kommt es jedoch auch bei dem Verliebtheitszustand zu einer Toleranzentwicklung. Der Gewohnheitseffekt verlangt mehr von der Substanz, und daher ist auch die Verliebtheitsphase begrenzt. Jedoch kann nach dieser Phase die Liebe Platz finden und ein tieferes Gefühl der Verbindung entstehen, sofern das beide Partner wollen.

Wichtig für uns ist die Unterscheidung von Liebe und Begehrlichkeit im Sinne der erotischen Liebe. Viele Menschen sprechen über Liebe – und meinen häufig eigentlich Sex und Begehren. Für den ZEN-Meister Thich Nhat Hanh ist die Liebe eine Entdeckungsreise. Seiner Meinung nach gibt es in der Welt viel Sex, aber nur wenig Liebe.

Die Kunst des Liebens

Erich Fromms populäres gesellschaftskritisches Werk *Die Kunst des Liebens* ist erstmals 1956 erschienen. Er betrachtet Liebe nicht nur als ein schönes Gefühl, sondern geht davon aus, dass für die Liebe Wissen und aktives Bemühen Voraussetzungen sind.

Der Liebe verfällt man also nicht, sondern man entwickelt diese in sich selbst. Für ihn ist der aktive Charakter der Liebe ein Geben und nicht ein Nehmen. Er sieht das Geben als Zeichen von Stärke, Reichtum, Macht und Freude. Das stellt für uns das kreative Potenzial der Liebe dar.

Fromm sieht Liebe außerdem nicht nur an eine bestimmte Person gebunden. Liebe ist eine Haltung, eine Charakter-Orientierung, welche die Bezogenheit eines Menschen zur Welt als Ganzes und nicht nur zu einem einzelnen »Objekt« der Liebe bestimmt. Wenn ein Mensch nur eine einzige Person liebt und ihm alle anderen Mitmenschen gleichgültig sind, dann handelt es sich weniger um Liebe als um eine symbiotische Bindung oder um einen erweiterten Egoismus. Fromm geht davon aus, dass für die meisten Menschen das Problem der Liebe darin liegt, geliebt zu werden, und nicht in der eigenen Fähigkeit zu lieben. Nach Fromm schlagen Männer den Weg von Erfolg, Macht und Geld ein. Frauen bevorzugen den Weg der Kosmetik, Schönheit und Kleidung, um liebenswert zu sein.

Die vier Elemente der Liebe

Die Liebe aus buddhistischer Sicht unterscheidet vier Elemente, durch die unser eigenes Glück und das der anderen wachsen kann: die liebevolle Güte, das Mitgefühl, die Freude und die Freiheit.

- Die liebevolle Güte bedeutet eine tiefe Freundschaft, die Freude bringen soll. Erst wenn wir uns selbst mit liebevoller Güte behandeln und uns selbst lieben, werden auch andere Menschen uns liebevoll begegnen.
- Das Mitgefühl entsteht aus Verstehen. Um eine andere Person zu lieben, müssen wir diese verstehen. Um eine andere Person verstehen zu können, brauchen wir ausreichend Zeit, vollkommene Präsenz und Aufmerksamkeit und das Wahrnehmen der anderen Person.
- Die Freude kann durch das Gewahrsein im Hier und Jetzt entstehen. Das Loslassen, die Achtsamkeit, Einsicht und Konzentration sind wichtige Begleiter der Freude. Lieben heißt Freude empfinden und Freude teilen.
- Wenn wir jemanden wirklich lieben, dann lassen wir ihm den Freiraum, den er braucht. Wahre Liebe macht uns frei. Eine wesentliche Frage in einer Partnerschaft wäre: »Spürst du ausreichend Raum in unserer Beziehung?«

Die Quelle der Liebe befindet sich in Ihnen und nicht im
Außen. Die Liebe beschränkt sich auch nicht nur auf Menschen, wahre Liebe bezieht alle Wesen ein – Tiere, Pflanzen,
die Natur.

Wahre Liebe kontrolliert nicht, beschneidet nicht, sperrt
nicht ein, fürchtet nicht, sondern bringt Mitgefühl, Güte
und Freude. Wir sehen Liebe als Begegnung und Anerkennung der Andersartigkeit und nicht der Angleichung an die
eigenen Ansprüche und Erwartungen. Wahrhaftig zu lieben
bedeutet nicht, jemanden zu besitzen oder zu bezwingen,
sondern dreht sich um die wirkliche Begegnung zwischen
zwei Menschen. Das bedeutet, Partnerschaft ist eine gemeinsame Entdeckungsreise und kein Erziehungsauftrag. Es geht
um die Beziehungsgestaltung und um die eigene und die gemeinsame Entwicklung. Darum, dass beide Partner angehalten sind, sich um die Liebe zu bemühen und die Partnerschaft gemeinsam zu gestalten. Interesse, Aufmerksamkeit,
Zuneigung, Sorgsamkeit, Wohlwollen, Konflikt- und Versöh-
nungsbereitschaft sind wichtige Qualitäten bei dieser Gestal-
tung.

Liebe, Vertrautheit, Erotik und Entscheidung

Häufig werden Liebe und Begehrlichkeit verwechselt. Sind
auch Vertrautheit und Erotik wichtige Qualitäten für eine Begegnung, braucht es jedoch die aktive Entscheidung zweier
Menschen für eine Bindung. Fehlt eine dieser Qualitäten,
kommt es häufig zu Trugschlüssen, die wir nachfolgend skiz-
zieren wollen.

Wir gehören zusammen, weil wir so vertraut sind

»Mein Partner und ich können so gut miteinander reden, es ist, als ob wir uns ewig kennen. Ich fühle mich ganz und gar zu Hause, wir sind die besten Freunde. Er gefällt mir zwar optisch nicht wirklich gut, aber er ist außerordentlich angenehm und das körperliche Begehren entwickelt sich sicher auch noch.«

Die Konsequenz in so einem Fall ist meist jene, dass sich bezüglich des sexuellen Verlangens im Laufe der Zeit nicht viel ändern wird. Es hängt natürlich auch davon ab, welchen Stellenwert Sex in der Beziehung für Sie hat. Wenn pure Leidenschaft und sexuelle Abenteuer keine besondere Rolle in Ihrem Leben spielen und Sie viele andere Dinge lieber tun als mit Ihrem Partner zu schlafen, funktioniert diese Art von Beziehung natürlich auch nur dann, wenn Ihr Partner ebenso empfindet wie Sie. Demgemäß betrachtet sind gute Gespräche, Ausflüge und andere gemeinsame Freizeitaktivitäten wichtiger für beide als pure Leidenschaft.

Warum nicht eine wundervolle Freundschaft daraus machen, die ein Leben lang hält?

Wir gehören zusammen, weil der Sex so unglaublich gut ist

Stellen Sie sich vor, Sie treffen jemanden, mit dem Sie in erotischer und sexueller Hinsicht vollkommen im Gleichklang sind. Bezüglich gemeinsamer Interessen, Werte oder geistiger Verbundenheit sind Sie hingegen wie Tag und Nacht. Trotzdem ist jedes Zusammentreffen in erotischer Hinsicht einzigartig, jeder Gedanke an diesen Menschen bringt Sie in Ekstase. Sie verzehren sich nach ihm, sind ständig unter erotischer Hochspannung, Sie können sich kaum auf etwas anderes konzentrieren. Das muss doch Liebe sein, oder?

»Wir gehören einfach zusammen – wenn der Sex so gut klappt, muss alles andere auch in Ordnung kommen.«

Betrachten wir das nun genauer. Außer der körperlichen Intimität kommt es nur spärlich zu anderen vertrauensvollen Handlungen. Die »Liebe« findet also hauptsächlich auf der körperlichen Ebene statt. Macht die sexuelle Übereinstimmung bereits eine Beziehung aus oder führt sie in vielen Fällen zu einem Überdenken der Situation?

Viele Frauen versuchen, über die Sexualität ins Herz des Mannes zu gelangen. Männer genießen die sexuell kreative und hingebungsvolle Frau, aber wenn kein Liebesgefühl da ist, so ist nun mal keines vorhanden. Sie können in das Herz eines Mannes nur über den direkten Weg finden – über das Gefühl. Kochen, Haushaltsführung und Sexualität werden zwar genossen, aber mehr eben nicht.

Ebenso gilt es umgekehrt: Liebe Männer, lassen Sie Ihren Titel, Ihre Kreditkarten und den Schlüsselanhänger Ihres Autos in Ihrer Tasche. Wenn sich eine Frau wegen Ihres Erfolges, Geldes, kurzum Ihres sozialen Status auf Sie einlässt, dann handelt es sich weniger um Liebe, sondern eher um Ansehen und finanzielle Sicherheit.

Auch mit noch mehr Geschenken, Unterstützung und Geld werden Sie es nicht zu wahrhaftiger Liebe bringen.

Wahre Liebe ist ein Gefühl, das niemals an Bedingungen geknüpft ist.

Wahre Liebe tendiert vom »Haben« weg zum gemeinsamen »Sein«.

Das Begehren und die Vertrautheit sind perfekt

Sie begehren einander und harmonieren auch auf geistiger Ebene. Sie sind der Meinung, alles würde gut laufen und sich einwandfrei anfühlen. Doch Ihr Partner ist unsicher und möchte sich nicht fest binden. Wir hören zum Beispiel:

- »Ich bin noch nicht so weit!«
- »Ich muss noch eine Trennung verarbeiten!«
- »Ich muss mich selbst finden!«
- »Ich habe beruflich gerade so viel zu tun!«

Was halten Sie von solchen Aussagen?

Wir machen es kurz und schmerzlos: Ihr Partner liebt Sie nicht wirklich!

Natürlich kann jeder von uns gerade noch mit Wehmut an eine kürzlich vergangene Beziehung denken. Jeder von uns kann im Moment auch beruflich sehr gefordert sein oder steckt vielleicht in einem komplizierten Selbsterfahrungsprozess fest. Aber wenn die Liebe uns mitten ins Herz trifft – und das geschieht meist überraschend –, sind wir kaum in der Lage, rational zu reagieren. Das Liebesgefühl blendet unseren Verstand aus und schießt unseren Kopf weg – wie es eine Klientin in der Liebeskummerpraxis einmal treffend beschrieben hat.

Wer will, findet Wege, wer nicht will, findet Gründe.

Die Liebe und der Alltag

In einer Partnerschaft sind wir gefordert, uns jeden Tag zu bemühen, die Beziehung zu gestalten, Vertrauen aufzubauen, Nähe und Distanz zu regulieren. Dennoch kommt früher oder später der erste Einbruch. Das Gefühl verändert sich, unsere Lebensumstände verändern sich. Vielleicht machen sich Desinteresse und Langeweile in der Beziehung breit. Ein unbeschwertes Miteinander wird durch unterschiedliche Interessen oder widrige Lebensumstände empfindlich gestört. Galt die anfängliche Aufmerksamkeit in der Verliebtheitsphase zur Gänze unserem Gegenüber, kommen wir nun schön langsam wieder zu uns selbst zurück. Die Honeymoon-Phase weicht der Realität. Wir gehen ein Stück auf Distanz und unser Blick wird wieder etwas klarer. Die anfängliche Begeisterung hat mögliche Defizite unseres Gegenübers vollkommen in den Schatten gerückt, aber nach und nach werden diese Schwächen immer deutlicher erkennbar. Wenn es kein Strohfeuer war und sich eine Partnerschaft entwickelt hat, kommt es häufig vor, dass wir uns wieder mehr unserem eigenen Leben und eigenen Interessen widmen und beginnen, uns vom Partner zurückzuziehen, wobei vorwiegend dem Alltag die Schuld daran gegeben wird.

Was berichten Frauen und Männer, wenn die erste Phase der Ernüchterung eintritt?

DIE FRAU: Ich verstehe das nicht! Als wir uns kennenlernten, war nur ich wichtig, nie und nimmer wäre er zu einem Fußballspiel gegangen. Anfangs überschlug er sich noch mit Aufmerksamkeiten, Überraschungen und Geschenken. Be-

reits um 10 Uhr vormittags befanden sich schon mehrere Liebesbeteuerungen im Posteingang meines E-Mail-Accounts,
die ich mit freudiger Erregung gelesen habe. Mittlerweile
kommt kaum mehr ein Zeichen der Aufmerksamkeit. Jetzt
heißt es, »wir sehen einander doch am Abend, ich habe so
viel zu tun.«

DER MANN: Ich verstehe das nicht! Am Anfang hat sie gesagt, dass sie überhaupt kein Problem damit hätte, wenn ich
mir ab und zu eine Sportsendung im Fernsehen anschaue,
Hauptsache, ich wäre bei ihr. Mittlerweile führen wir deshalb
ständig unangenehme Diskussionen. Anfangs hat sie mich
fast täglich mit neuer Unterwäsche überrascht, hat mich mit
einem zärtlichen Kuss begrüßt und konnte nicht genug von
mir bekommen. Jetzt haben wir nur noch zu allen heiligen
Zeiten Sex. Anfangs beteuerte sie, keinen Wert auf traditi-
onelle partnerschaftliche Vorstellungen zu legen. Ehe und
Kinder seien nicht wesentlich. Sie möchte ihre Unabhängigkeit bewahren und ihrem Beruf nachgehen. Mit der Zeit kam
der Wandel. Plötzlich will sie Kinder und kann sich gut vorstellen, ihre Karriereplanung auf Eis zu legen.

Häufig lösen sich gemeinsame Vorhaben und Pläne in Luft
auf, die zu Beginn der Beziehung noch mit Begeisterung geschmiedet wurden. Zugeständnisse, die anfangs noch gemacht worden sind, werden zur Belastung, zum Beispiel für
einen Mann, der seiner geliebten Frau anfangs versprach, sie
zur Yoga-Stunde begleiten zu wollen. Doch immer, wenn es
so weit war, machte er einen Rückzieher.

Nach der anfänglichen Verliebtheit gibt es mehrere Möglichkeiten, wie die Beziehung auch im Alltag weitergehen könnte:

- ♥ Wenn es nur ein Strohfeuer war, wird die Beziehung
  frühzeitig enden. Ebenso, wenn die Sexualität ursprüng-
  lich die alleinige Basis zwischen zwei Menschen war.
- ♥ Einer von beiden bemüht sich, den Verliebtheitszustand
  zu reanimieren. Dieser Mensch fordert ein, was zu Beginn der Beziehung selbstverständlich war. Es könnte
  ein schmerzhafter Prozess einsetzen, wobei die Aussicht auf Erfüllung nicht besonders rosig aussieht. Es
  kommt zu einer leidvollen Fortsetzung.
- ♥ Beide Partner sagen »ja«, stellen sich der Herausforderung der nächsten Phase der Liebe und bemühen sich,
  aus der Verliebtheitsphase eine tragfähige Partnerschaft
  zu gestalten. Die viel zitierte »Beziehungsarbeit« beginnt.

Selbstverständlich müssen sich alle Personen, die in einer
Partnerschaft leben, mit ähnlichen Problemen auseinandersetzen, egal ob homo- oder heterosexuell.

Es ist ein Irrtum, dass der Alltag, der nur ein Lebensum-
stand ist, wahre Liebe zerstören kann. Wir selbst gestalten
den Alltag. Vernachlässigung, Unaufmerksamkeit und Kom-
munikationslosigkeit sind das Gift, das schleichend zum Er-
schüttern bis zum Beenden der Beziehung führen kann.

Auf der einen Seite erzählen viele Menschen, dass sie nicht
mehr in der Lage sind, konzentriert zu arbeiten, weil sie
Kummer mit der Liebe haben. Diese Menschen widmen dem

Job immer weniger Aufmerksamkeit und Engagement, vernachlässigen ihre Pflichten und sind nur noch körperlich anwesend. Der Ausgang, wenn sich nichts ändert, liegt auf der Hand. Zum Kummer mit der Liebe können zusätzlich Probleme und Kummer mit dem Job einhergehen.

Auf der anderen Seite treffen wir Menschen, die ihre gesamte Energie in den Beruf stecken und die Liebe auf die lange Bank schieben. Sie sagen sich: »Wenn das Projekt, die Saison oder der Geschäftsabschluss vorbei sind, dann werde ich mich wieder mehr um meinen Partner kümmern.« Die Liebe lässt sich aber weder aufschieben noch nachholen.

Es gibt Lebensphasen, in denen wir wenig Zeit füreinander haben, aber wir können dieses Defizit mit Intensität ausgleichen. Schenken Sie der Zweisamkeit, gerade in diesen Phasen, mehr Qualität in Form von Zuneigung, ungeteilter Aufmerksamkeit, Verständnis und Zärtlichkeit.

Wir selbst sind dafür verantwortlich, und nicht etwa die Lebensumstände wie die Arbeit oder der Alltag, ob sich die Liebe vertieft oder verdünnt. Wir selbst treffen Entscheidungen, die uns in bestimmte Lebenslagen versetzen. Die Liebe kann durchaus mit einer Pflanze verglichen werden. Wenn wir diese nicht wässern und düngen, wird sie sich nicht entwickeln können, verhungern, verdursten und letztendlich sterben.

Wenn du mich liebst, dann ...

Manche Menschen neigen dazu, den Partner ganz für sich besitzen zu wollen. Sie haben Probleme damit, wenn der Partner zu viel Zeit mit seiner Arbeit oder Freunden verbringt oder einem Hobby nachgeht. Sie fühlen sich zurückgesetzt und tragen folgende Forderungen an den Partner heran:

Wenn du mich liebst, dann ...
- ♥ arbeitest du weniger.
- ♥ gibst du deine Pokerabende auf.
- ♥ verzichtest du auf Segeltörns und Skiurlaube mit deinen Freunden.
- ♥ verbringst du deine Freizeit nur mit mir!

Wir kennen selbstverständlich auch Menschen, die ihrem Partner nur Gutes tun wollen und ihn deshalb von Grund auf verändern möchten. Typische Vorschläge lauten in solchen Fällen:

Wenn du mich liebst, dann ...
- ♥ verkaufst du dein Motorrad.
- ♥ hörst du mit dem Rauchen auf.
- ♥ trinkst du kein Bier mehr.
- ♥ wirst du Vegetarier.
- ♥ übernimmst du meine Sportarten und lässt deine bleiben.
- ♥ trennst du dich von deiner Katze oder anderem Haustier.
- ♥ trägst du diese oder jene Kleidung!

Wenn beide Partner Erwartungen dieser Art mitbringen, kommt es vermutlich zu folgendem Dialog:

SIE: »Wenn du mich liebst, dann gehst du nicht zu diesem Fußballspiel!«

ER: »Wenn du mich liebst, dann lässt du mich zu diesem Fußballspiel gehen!«

Wenn wir den Partner in seinen Freiräumen beschneiden wollen, stellt sich die Frage, in welchem Ausmaß Liebe, Egoismus, Ängste und persönliche Unsicherheiten eine Rolle spielen.

Gönnen Sie sich und Ihrem Partner Freiräume und inspirieren Sie sich gegenseitig mit Ihren Wünschen und Interessen. Erfahrungen und Erlebnisse sind Bereicherungen für
das Leben, für das eigene und für die Partnerschaft.

»Allen Menschen recht getan,
ist eine Kunst, die niemand kann.«

JOHANN PETER HEBEL

Die Liebe und die Schönheit

Viele von uns kennen das Dorian-Gray-Syndrom. Dorian
Gray ist eine Romanfigur des Schriftstellers Oscar Wilde.
Dorian besitzt ein Gemälde mit seinem Selbstportrait, wobei
sich der Alterungsprozess und sein maßloses und grausames
Verhalten nur in seinem Portrait widerspiegelt, während der
lebendige Dorian hingegen unverändert bleibt. Die Psycho-
somatik sieht dies als krankhaftes Streben, immer perfekt
und jugendlich aussehen zu wollen. Dieser stark steigende
Wunsch nach ewiger Jugend führt zu einem raschen Wachstum der Schönheitsindustrie in den Bereichen Kosmetik, Fit-
ness, Medizin und Pharmazie.

Marie ist 29 Jahre alt, 1,70 m groß, schlank, auffällig blond und
wirkt äußerst gepflegt. Ihr Mann Gregor, mit dem sie zwei gemeinsame Kinder hat, ist vier Jahre älter. Sie erzählt, dass Gregor mit ihrem äußeren Erscheinungsbild in letzter Zeit nicht

ganz zufrieden sei. Marie hat einen 30-Stunden-Job und kümmert sich beinahe ausschließlich alleine um die beiden Kinder, da Gregor geschäftlich viel im Ausland zu tun hat. Wenn
er aber zu Hause ist, geht er fast täglich in ein Fitness-Center.
Sie nimmt regelmäßig verschiedene kosmetische Behandlun-
gen in Anspruch, besucht dreimal die Woche ein Fitnessstu-
dio, und auch ihr Ernährungsplan soll zu einem schöneren
Äußeren beitragen. Schon morgens will Gregor seine Frau ge-
stylt und in geschminktem Zustand sehen. Abgesehen davon
kommt für beide nur die aktuellste Mode in Frage. Marie erzählt, dass sie von ihren Freundinnen beneidet werde, und oft
würde sie auch hören, was für einen rechtschaffenen Mann
sie doch hätte, von dem sie doch alles bekommt.

Dann geht es weiter mit Permanent Make-up. Ihre dunk-
len Haare, die sie so mag, erstrahlen schon seit langer Zeit
platinblond. Nach dem zweiten Kind verlor ihr Busen etwas
an Straffheit, weshalb eine Korrektur seiner Meinung nach
unbedingt erforderlich war. »Wenn schon, denn schon«,
sagte der geliebte Ehemann zu ihr. »Da machen wir ihn doch
gleich um zwei Nummern größer. Und wenn wir schon dabei
sind, lassen wir deine Lippen auch gleich ein wenig aufpols-
tern!« Ob Marie damit einverstanden war oder nicht, stand
nicht zur Diskussion und war für Gregor schon lange kein
Thema mehr. Er ging von dem Standpunkt aus, dass sie sich
gefälligst nicht so anstellen solle, denn andere Frauen wären
glücklich, wenn ihnen ihr Ehemann diesen Luxus finanzie-
ren würde. Marie versteckt sich manchmal sogar vor ihrem
Mann, weil sie sich nicht schön genug fühlt. Gregor ist sehr
auf sein Äußeres bedacht, er rasiert sich zweimal täglich,
seine vier Quadratzentimeter Brusthaar werden auch sorg-

fältig und regelmäßig entfernt. Besonders gutaussehend ist Gregor nicht, aber er pflegt sich, hat Geld und verfügt über ein erstaunliches Selbstbewusstsein.

Marie sitzt in der Praxis und stellt folgende Frage: »Glauben Sie, dass mein Mann mich wirklich liebt?« Das Aussehen oder die Größe des Busens müssten einem Mann, der seine Frau liebt, doch völlig egal sein – oder etwa nicht?

Was denken Sie? Warum verlangen Männer von ihrer Partnerin eine Schönheitsoperation, obwohl sie selbst Besitzer eines nicht zu übersehenden Bierbauches oder Doppelkinns sind? Basiert der Selbstwert in solchen Fällen auf gesellschaftlichem Status, Ansehen und Vermögen?

Amerikanische bzw. kanadische Wissenschaftler befragten 82 verheiratete Paare, die seit mehr als vier Jahren zusammen sind, über die Zufriedenheit mit ihrer Beziehung. Darüber hinaus wurden die Paare während einer Diskussion über persönliche Probleme mit einer Videokamera gefilmt. Anschließend analysierten die Forscher den Film dahingehend, wie die Partner miteinander umgingen und wie attraktiv die Teilnehmer waren.

Es zeigten sich folgende interessante Ergebnisse: Wenn Frauen objektiv betrachtet attraktiver sind als ihre Männer, gehen die Partner liebevoller miteinander um. Der weniger attraktive Mann signalisiert seiner hübscheren Frau immer wieder Unterstützung, er investiert mehr in die Beziehung. Wenn aber Männer attraktiver sind als ihre Frauen, verhalten sich diese weniger kooperativ. Warum sind attraktive Männer Ehekiller? Warum gibt es mit ihnen mehr Probleme als mit weniger attraktiven Ehemännern? Warum ist das Zusammenleben mit ihnen komplizierter und schwieriger?

Aus einer Studie aus dem *Journal of Family Psychology* geht hervor, dass eine evolutionspsychologische Ursache vermutet wird. Attraktivere Männer sind der Meinung, sie hätten etwas Besseres verdient, und geben sich deshalb weniger Mühe in ihrer aktuellen Beziehung. Unattraktiven Männern ist bewusst, dass sie mehr bekommen haben, als ihnen eigentlich zusteht. Aufgrund dessen sind sie eher bereit, weiterhin in ihre Beziehung zu investieren. Sie können sich auch darauf verlassen, dass dieses Verhalten von ihrer Partnerin wohlwollend angenommen wird. Den meisten attraktiven Frauen ist das Aussehen ihrer Männer weniger wichtig als die Tatsache, von ihnen Sicherheit und Unterstützung zu bekommen.

Schönheit ist ein zentrales Thema der Menschheit. Jede Epoche hat ihre eigenen Schönheitsideale und Menschen, die diesen gerecht werden wollen. Am Wunsch nach gutem Aussehen und einer gesunden und gepflegten Ausstrahlung ist nichts auszusetzen.

Wenn aber bei aller Anstrengung nach körperlicher Perfektion das seelische Wohlbefinden ausbleibt, achten Sie auf dieses Gefühl.

Wenn Sie sich im Falle von Marie wiedererkennen, gibt es zwei Möglichkeiten:

- Nehmen Sie sich Zeit und überlegen Sie: Wie weit akzeptiere ich mich selbst? Schätze ich mich und mein Aussehen, oder gibt es Bereiche, die ich weniger mag? Betrachten Sie sich mit einem wohlwollenden Blick. Was möchte ich wirklich ändern, und was mache ich, nur weil es mein Partner gerne möchte?

♥ Wenn die Liebe an die Bedingung, perfekt auszusehen, geknüpft ist, sollten Sie nicht gleich die nächste Schönheitsbehandlung in Erwägung ziehen, sondern Ihren Partner um ein klärendes Gespräch bitten. Klären Sie, ob Sie aus Liebe begehrt werden oder nur, weil Sie attraktiv und schön sind. Häufig kommt es vor, dass Menschen ihr Bezugsobjekt an ihre eigene Phantasie anpassen wollen, zum Beispiel mittels Schönheitsoperationen, Kleidungsstil, Haarschnitt etc. Werden Sie nicht zur »Barbie-Puppe« Ihres Mannes!

Wenn Sie attraktiv und »perfekt« sind, werden Sie mit Sicherheit Anerkennung, Bewunderung und sexuelles Interesse erfahren, aber nicht unbedingt das tiefe Gefühl von Liebe.

Dysmorphophobie
Hier handelt es sich um eine gestörte Körperwahrnehmung, von der laut Forschern rund 2 % der Gesamtbevölkerung betroffen sind.

Die Dermatologin Neelam Vashi von der Boston University School of Medicine warnt vor der »Snapchat Dysmorphophobie«, wo Menschen so aussehen wollen wie die gefilterte Version ihrer Snapchat- oder Instagram-Bilder.

Vashi und Kollegen empfehlen vor dem Besuch eines Schönheitschirurgen eine Psychotherapie.

>*Nicht die Schönheit entscheidet, wen wir lieben,*
>*sondern die Liebe entscheidet, wen wir schön finden!*«

UNBEKANNT

Das nächste Kapitel wollen wir der Schattenseite der Liebe widmen. Dazu wollen wir Denkanstöße geben und laden Sie ein, sich mit verschiedenen Fragen auseinanderzusetzen.

KAPITEL 3

Die Schattenseiten der Liebe

Wir verstehen unter Liebeskummer meist jenes unangenehme Gefühl von Traurigkeit und Hilflosigkeit, das durch Trennungen und Scheidungen bei uns ausgelöst wird. Aber auch vor bestehenden Partnerschaften macht Liebeskummer nicht halt. Wer hat nicht schon einmal gedacht:

- Wenn mein Partner mich wirklich lieben würde, dann würde er doch ...!
- Wieso muss er immer dieses oder jenes tun?
- Es passt eigentlich alles, ABER ...!
- Irgendwie ist die Luft raus! Spannung, Sinnlichkeit und Erotik sind seltene Besucher geworden ...
- Wo sind Romantik und Spontaneität geblieben?

Wir alle kennen Menschen, die uns immer wieder von den Fehlern ihres Partners erzählen oder ständig ihre Liebhaber wechseln, um endlich die lang ersehnte und perfekte Beziehung zu bekommen. Aber auch destruktive Beziehungen, Sex-Besessenheit und Nicht-allein-sein-Können rufen Kummer mit der Liebe hervor.

Auch Menschen, die einen Partner mit einer physischen oder psychischen Krankheit an ihrer Seite haben, stecken möglicherweise im Liebeskummer fest. Nicht weniger leiden jene an Liebeskummer, die sich mitten in einer Dreieckssituation befinden. Ebenso manche Singles, die es leid sind, ihre Abende alleine verbringen zu müssen.

Aber auch sexuelle Orientierungslosigkeit sowie ein Wechsel der sexuellen Orientierung bringen viel Kummer mit sich. Probleme aufwerfen können ebenso sexuelle Vorlieben, die nicht ausgelebt werden, da sich kein gleichgesinnter Partner finden lässt.

Sie merken schon, dass es sich beim Kosmos der Liebe um keine Einbahnstraße handelt, denn es gibt viele verschlungene Wege. Wir erleben Stoppschilder, Warnblinkanlagen, Schranken und Umleitungen.

Die nachfolgenden Geschichten sollen den Kummer mit der Liebe veranschaulichen. Falls Sie sich wiedererkennen, liegt es am Thema, denn Namen, Alter, Beruf und andere Details wurden von uns geändert.

Lieber eine schlechte Beziehung als gar keine

Christian, 42, Abteilungsleiter in einem Modehaus
Christian erzählt von seiner Partnerin, die geschieden ist, einen Sohn hat und beruflich sehr erfolgreich ist. Christian selbst hat zwei erwachsene Söhne und ist ebenfalls geschieden. Er redet von seiner beruflichen Tätigkeit, die er mit großer Begeisterung ausübt, seiner finanziellen Unabhängigkeit, von seinen Hobbys und seinem kleinen Reihenhaus, in

dem er sich sehr wohl fühlt. Christian beschreibt sein Leben als nahezu perfekt, wenn da nicht diese diffizile Beziehung wäre. Es gibt ständig Konflikte, extrem hohe Erwartungen ihrerseits und Eifersucht von ihrem Sohn ausgehend. Darüber hinaus hat Christian kein besonders gutes Verhältnis zu ihren Eltern, die eine nicht unwesentliche Rolle im Leben seiner Partnerin spielen. Kränkungen und Geringschätzung von ihrer Seite stehen an der Tagesordnung. Christian beschreibt sich als harmoniesuchend, aktiv und äußerst bemüht. Seine Partnerin nimmt er nur noch nörgelnd und verletzend wahr. Immer wenn er diese Beziehung beenden möchte, wird sie augenblicklich versöhnlich und aktiv.

Zum Zeitpunkt, als Christian therapeutische Unterstützung annimmt, hat er es in seiner vierjährigen Partnerschaft mit seiner Freundin immerhin auf zwölf Trennungen und ebenso viele Versöhnungen gebracht. Er sagt, dass er durch ihre plötzliche Herzlichkeit immer wieder weich wird und dann hofft, dass sich die Beziehung von nun an bessert. Einerseits sagt er, dass er lieber diese schlechte Beziehung führe, als gar keine zu haben, weil Alleinsein unerträglich für ihn wäre. Andererseits erzählt er, dass er erschöpft und sehr unglücklich sei. »Ich möchte etwas ändern, nein, ich muss etwas ändern! Können Sie mir helfen?«, fragt er.

Sabine, 39, Laborantin
Sabine wirkt attraktiv, sehr gepflegt und ist obendrein äußerst redegewandt. Sie ist alleinerziehende Mutter eines 16-jährigen Sohnes, zu dem sie eine gute, wenn auch zuweilen konfliktreiche Beziehung hat. Sie erzählt von ihrer Kindheit, die sie in verschiedenen Heimen und Pflegefamilien verbrachte.

Sie wurde entweder ignoriert oder geschlagen. Ihre Wünsche und Bedürfnisse wurden ebenso missachtet wie ihre Grenzen. Sie erzählt, dass sie gelegentlich Schläge als eine Art Zuwendung empfand und ihr diese Art von Zuwendung noch lieber war, als völlig ignoriert zu werden. Im Alter von 18 Jahren lernte sie ihren ersten Mann kennen, bei dem sie Hals über Kopf eingezogen war, was auch einer Flucht aus ihrer Pflegefamilie gleichkam. Kaum war sie bei ihrem Ehemann eingezogen, änderte sich das zuvor außerordentlich bemühte Verhalten schlagartig. Er ignorierte sie, trank übermäßig viel Alkohol und kam häufig spät in der Nacht nach Hause. Sie gebar den gemeinsamen Sohn und war voll der Hoffnung, dass sich das Zusammenleben mit ihrem Mann von nun an zum Positiven wenden werde. Irrtum: Ihr Mann verlor kurz darauf seinen Arbeitsplatz, wodurch Sabine schon bald gezwungen war, selbst einer Tätigkeit nachzugehen. Um den gemeinsamen Sohn kümmerten sich hauptsächlich ihre Schwiegereltern. Ihr Mann wurde immer unerträglicher. Nach einigen erfolglosen Trennungsversuchen gelang es ihr, aus der Beziehung auszubrechen. Nach der Scheidung kamen sie und ihr Sohn etwas zur Ruhe.

Seit dieser Zeit gab es zahlreiche Partnerschaften, welche durchwegs von übermäßigem Alkoholkonsum, Gewalt und Ignoranz geprägt waren.

Sabine ist ebenso wie Christian der Meinung, lieber eine schlechte Beziehung zu haben als gar keine. Gleichzeitig macht sich ausgeprägte Unsicherheit in ihr breit. Wäre eine konstruktive Auseinandersetzung mit dem Monster »Alleinsein« vielleicht doch eine bessere Alternative? Wie kann ich diese Angst überwinden?

Wenn Sie selbst eine schlechte oder unbefriedigende Beziehung dem Alleinsein vorziehen, sollten Sie sich über folgende Fragen Gedanken machen:

1.   Was bedeutet es für Sie, allein zu sein? Welche Gefühle kommen bei dem Gedanken hoch?

2.   Waren Sie schon einmal in Ihrem Leben länger als ein Jahr ohne Partnerschaft?

☐ Ja

☐ Nein

2.a) Wenn ja, welche Gefühle haben Sie begleitet?

3.   Was bedeutet für Sie Liebe? Welche Erfahrungen haben Sie mit der Liebe gemacht?

4.   Was erwarten Sie von der Liebe?

5.   Wie schätzen Sie Ihre Chancen ein, wieder einen Partner zu finden?

sehr hoch | 1 | 2 | 3 | 4 | 5 | sehr gering

6.   Wie attraktiv schätzen Sie sich selbst ein?

sehr attraktiv | 1 | 2 | 3 | 4 | 5 | sehr unattraktiv

7.   Lieben/mögen Sie sich selbst?

sehr | 1 | 2 | 3 | 4 | 5 | überhaupt nicht

....

Wenn Sie sich selbst wenig mögen bzw. lieben oder sich nicht attraktiv finden, Ihre Chancen, einen neuen Partner zu finden, als eher gering einschätzen, noch nie alleine waren und sich von Liebe und Partnerschaft Erfüllung oder Erlösung erwarten, dann ist es höchste Zeit, sich ernsthaft mit den Themen Selbstwert, Abhängigkeit, Ängste und Selbstständigkeit auseinanderzusetzen. Denn wenn Sie sich nur deshalb einen Partner wünschen, um sich als ganzer Mensch zu fühlen, besteht die Gefahr, dass Ihr gesamtes Leben von Abhängigkeit geprägt sein wird. Sie werden lange, aber quälende Beziehungen haben oder immer wieder den Partner wechseln, ohne zur Ruhe zu kommen. Wenn Sie das Gefühl brauchen, begehrt zu werden, dann handelt es sich nicht um Liebe. Wenn Sie Angst haben vor Ihrer Selbstständigkeit und Unabhängigkeit und versorgt werden möchten, handelt es sich ebenfalls nicht um Liebe.

Wenn Sie schlechte Erfahrungen mit der Liebe gemacht haben, überlegen Sie, diese Erfahrungen zu klären und zu bewältigen und in welcher Form dies für Sie sinnvoll sein könnte.

Frauen versus Männer

Frauen bezweifeln oft ihre eigenen Kompetenzen, hegen den insgeheimen Wunsch, umsorgt zu werden, und warten, ähnlich wie im Märchen Aschenputtel, auf ihren Erlöser bzw. Retter. In vielen Fällen tragen Frauen immer noch die Angst vor Unabhängigkeit und Selbstständigkeit mit sich herum. Colette Dowling (*Der Cinderella-Komplex*, 1981) sieht die Ursachen in der unterschiedlichen Sozialisation von Männern und Frauen.

Frauen werden häufig immer noch auf den »schönsten

Tag in ihrem Leben« vorbereitet und damit auf die passive Rolle als Hausfrau und Mutter, Männer hingegen auf die Karriere und die aktive Rolle als Versorger. Sie fühlen sich häufig von unabhängigen und selbstständigen Frauen bedroht, oder diese Frauen sind ihnen zu anstrengend. Viele Männer haben immer noch den Plan, Frauen zu versorgen und zu unterstützen, um auf diese Weise Anerkennung, Wertschätzung und Liebe zu erfahren und ihrer Rolle gerecht zu werden. Erfolg macht Männer nach wie vor anziehend und sexy, erfolgreiche Frauen hingegen werden in vielen Fällen als »Emanzen« abgestempelt.

Frauen sind heutzutage immer mehr einer Doppelbelastung ausgesetzt – nämlich Berufs-, Beziehungs- und Familienleben unter einen Hut zu kriegen. Selbst bei sogenannter gerechter Aufteilung im Alltagsmanagement fühlen sich Frauen nach wie vor zum Großteil für das Beziehungs- und Familienmanagement zuständig. Das kann man daran erkennen, dass Frauen sich früher mit dem Problem auseinandersetzen und bereit sind, sich dieser Klärungsfrage zu stellen, sowohl im privaten Umfeld als auch im professionellen.

»Ich habe studiert, bin beruflich erfolgreich und fühle mich trotzdem minderwertig, denn alle meine Freundinnen haben geheiratet und bekommen Kinder und erzählen vom schönsten Tag in ihrem Leben und dieser großen Aufgabe, ein Kind großzuziehen«, erzählt eine 34-jährige Frau während einer Beratungsstunde. Diese Aussagen sind heute, trotz Emanzipation, häufig zu hören. Viele junge Frauen leiden an Ehe- und Kinderlosigkeit und fühlen sich ohne Mann an ihrer Seite wertlos.

Wie oft hören Sie eine ähnliche Aussage von einem Mann?

»Der schönste Tag im Leben einer Frau«
Löschen Sie diesen Satz aus Ihrem Gedächtnis! Es gibt so viele schöne Tage im Leben einer Frau! »Der schönste Tag im Leben« ist ein besonderer Anlass, wie viele andere aber auch. Definieren Sie sich nicht ausschließlich über eine Beziehung – egal, ob mit oder ohne Ehering. Die Partnerschaft ist lediglich ein Teil in Ihrem Leben. Ihr Leben besteht aber aus viel mehr Aspekten: Ausbildung, Beruf, Familie, Freunde, Hobbys, Interessen. Stärken Sie diese Bereiche und schenken Sie ihnen Beachtung und Aufmerksamkeit.

»Das größte Glück im Leben ist ein Kind zu bekommen«
Vorsicht! Es gibt Frauen, die keine Kinder bekommen können. Dieses Thema kann für solche Frauen eine zusätzliche Kränkung bedeuten und stellt die Sinnfrage immer wieder auf eine Bewährungsprobe.

Es gibt Frauen, die keine Kinder möchten, weil ihr Partner keine wollte oder will oder weil sie den richtigen Partner nicht oder zu spät gefunden haben. Es gibt auch Frauen, die ihr Glück oder ihre Selbstverwirklichung in anderen Lebensbereichen gefunden haben.

In guten wie in schlechten Zeiten

Georg, 62, Teilhaber eines Tischlereibetriebes
Georg und Helga verbinden 33 Jahre Ehe und drei Kinder. Aus dem ehelichen Schlafzimmer ist er schon seit Jahren freiwillig ausgezogen. Die Kinder führen bereits ihr eigenes Leben, und Georg hat sich vor längerer Zeit in eine andere

Frau verliebt. Die Liebe zu seiner Frau ist schon seit Langem verflogen, und täglich denkt er darüber nach, sie zu verlassen. Gleichzeitig quält er sich mit der Frage, ob er seine Frau denn überhaupt verlassen darf. Er will niemanden enttäuschen oder kränken. Er stellt sich auch immer wieder die Frage, ob sich dieser Partnerwechsel auszahlt, schließlich kennt er die neue Frau noch gar nicht richtig, aber es fühlt sich gut und richtig an. Gleichzeitig denkt er darüber nach, ob er sich den »schlechten Zeiten« stellen und sich um seine Ehe bemühen soll. Nach und nach wächst seine Unzufriedenheit mit der derzeitigen Situation, und die Sehnsucht nach der anderen Frau in seinem Leben wird immer größer. Er kann sich nicht entscheiden. Kopf und Herz führen einen unerbittlichen Kampf gegeneinander, und seine Erschöpfung und Verzweiflung wachsen.

Vera, 44, Hausfrau

Vera und Hans sind gleich alt und kennen sich seit der Schulzeit. Mit 17 Jahren sind sie zusammengekommen. Mit 23 Jahren kam der gemeinsame Sohn auf die Welt, kurz danach wurde geheiratet. Zwei Jahre später wurde ihre Tochter geboren. Vera hat nach der Schulzeit kurz als Flugbegleiterin gearbeitet, seitdem ist sie »nur noch« Hausfrau – wie sie es selbst bezeichnet – und fühlt sich wertlos. Ihre Kinder sind bereits unabhängig und gehen eigene Wege. Ihr Mann ist Tierarzt. Vera hat das Gefühl, dass jeder in ihrer Familie sich weiterentwickelt hat – nur sie selbst nicht. Sie fühlt sich einsam und möchte sich weiterbilden und selbst verwirklichen. Aus diesem Grund besucht sie einen Abendkurs für Wiedereinsteiger und verliebt sich in den um vier Jahre älteren Ausbilder.

Zum Zeitpunkt, als sie therapeutische Hilfe in Anspruch nimmt, befindet sie sich bereits seit acht Monaten in einer leidenschaftlichen Affäre mit diesem Mann. Er möchte gerne eine gemeinsame Zukunft mit ihr und einen Neubeginn. Täglich wird sie von ihrem Gewissen gequält. Hans war ihr immer ein zuverlässiger und liebevoller Ehemann und Vater ihrer Kinder. Sie hat ihm ewige Treue geschworen und fühlt sich gegenwärtig als Verräterin.

Darf ich mich nach so vielen Jahren trennen?

Anna, 47, Dolmetscherin
Anna ist seit 15 Jahren mit Leo verheiratet, der seit sechs Jahren an Depressionen leidet. Er verlässt nur mehr selten das Haus. Längere Krankenstände beherrschen sowohl sein eigenes Leben als auch das von Anna und den gemeinsamen Kindern. Er verliert immer wieder seine Arbeit und unternimmt kaum mehr etwas mit seiner Familie. Anna, eine unternehmungslustige und lebensfrohe Frau, vermisst die gemeinsamen Tanzabende mit ihrem Mann, ebenso gemeinsame Familienausflüge und sportliche Aktivitäten. Seit Jahren zehrt sie von den Phasen der Besserung, aber die Abstände neuerlicher depressiver Schübe ihres Mannes verkürzen sich zunehmend. Alle Vorschläge, die sie ihm macht, um seine Lage zu verbessern, schlägt er aus. Selbst unternimmt er auch nichts und wirft ihr vor, dass sie zu wenig Verständnis für ihn hat.

Sie unternimmt mittlerweile viel alleine und trifft sich gelegentlich mit Freundinnen. An einem dieser Abende lernt sie einen Fitnesstrainer, knapp über 40 Jahre alt, kennen und verliebt sich in ihn. Sie überlegt lange, ob sie sich auf diesen neuen Mann in ihrem Leben einlassen soll.

Es folgen sechs wunderschöne Monate voller Geheimnisse und Leidenschaft. Während Anna ihr Leben mit dem Fitnesstrainer genießt, wird die Situation ihres Ehemannes immer hoffnungsloser.

Einige Zeit darauf wird das Drängen des Liebhabers auf ein gemeinsames Leben immer heftiger. Anna hingegen fühlt sich überfordert und sieht sich immer weniger in der Lage, eine klare Entscheidung zu treffen.

Darf ich mich trennen, wenn mein Partner krank ist?

Beatrix, 34, Lehrerin
Beatrix schildert sehr niedergeschlagen ihre Geschichte. Sie lebt seit vier Jahren mit ihrer Freundin Silvia zusammen und liebt sie sehr. Aber seit zwei Jahren ist ihre Lebensgefährtin arbeitslos, und dieser Zustand wirkt sich sehr negativ auf ihre Beziehung aus. Ihrer Meinung nach wird Silvia immer lustloser, uninteressierter und aggressiver. Auch muss Beatrix finanziell immer wieder einspringen. Silvia ist ferner auch unschlüssig, was ihre berufliche Zukunft betrifft. Sie hat zwar einige Erfolge als Fotografin zu verbuchen, aber seit längerer Zeit gibt es nur selten neue Aufträge. Beatrix ist ratlos, genervt und fürchtet um die gemeinsame Zukunft mit Silvia.

Anfangs war sie überzeugt, dass sie diese Phase gemeinsam bewältigen würden, aber mittlerweile ist sie selbst erschöpft und hat das Gefühl, in dieser Beziehung zu kurz zu kommen. Sie denkt immer häufiger über eine Trennung nach und hat gleichzeitig ein schlechtes Gewissen, weil sie Silvia nicht im Stich lassen möchte.

♥
♥
♥ Darf ich mich trennen, wenn sich mein Partner in einer schwierigen Lebensphase befindet?

Wenn Ihr Partner krank, arbeitslos oder durch sonstige negative Lebensumstände destabilisiert ist, stellt das eine Belastung für jede Beziehung dar. Wenn Sie das Gefühl haben, dass sich Ihr Partner immer mehr aus der Beziehung zurücknimmt und Verantwortung abgibt, Sie nicht mehr an ihn herankommen und selbst dabei zu zerbrechen drohen, stellen Sie sich die angeführten Fragen im Selbsttest ganz gewissenhaft und überlegen Sie, woher Sie Unterstützung bekommen können. Menschen, die zur Bewältigung ihrer Schwierigkeiten nichts oder nur wenig beitragen und Verantwortung an Sie delegieren, können folgende Fragen aufwerfen: »Wie wichtig ist mir MEIN Leben?« und »Befinde ich mich in einer Situation der ›vergeblichen Liebesmühe‹?«

»Bis dass der Tod uns scheidet«
Handelt es sich hier um ein religiöses, moralisches Motiv, das emotional nicht mehr erfüllt wird, oder ist es eine Entscheidung, gemeinsam alt zu werden?

Das bedeutet ein Einschwingen auf die Gemeinsamkeiten einer womöglich langen Zeit und sich mit der Andersartigkeit, Gebrechlichkeit, Krankheit, Vergesslichkeit, dem Verlust der jugendlichen Attraktivität etc. auseinanderzusetzen.

Miteinander alt zu werden bedeutet auch, sich der Gebrechlichkeit, der Krankheit allein und gemeinsam zu stellen und unter Umständen den Sterbeprozess zu erleben – als Begleiter oder Betroffener.

SELBSTTEST

Wenn Sie in einer derartigen Situation festsitzen und sich nicht entscheiden können, ist es an der Zeit, sich selbst einige Fragen zu stellen.

- Wie wichtig ist mir MEIN Leben?
- Wie wichtig ist mir Ehrlichkeit in einer Beziehung?
- Was ist mir im Leben wichtiger – Schein oder Sein?
- Gibt es noch etwas, was ich tun kann, um meinen Partner zu unterstützen?
- Gibt es etwas, was mein Partner für mich tun kann, im Sinne von Information, Anliegen, Bedürfnissen, Wünschen etc.?
- Habe ich schon alles versucht?
- Wen oder was brauche ich, um eine klare Entscheidung treffen zu können?
- Wo kann ich Rat und Unterstützung holen?

Antworten Sie ganz spontan nach Ihrem Bauchgefühl:
Am liebsten würde ich ... _____

_____

_____

_____

Komfort versus Lebendigkeit

Immer häufiger kommt es vor, dass in einer Beziehung alles perfekt scheint bis auf die Tatsache, dass es zu keinen sexuellen Handlungen mehr kommt, wobei die Kuschelqualität bestehen bleiben kann. Die Teamqualität ist sehr hoch, die eigene und gemeinsame Entwicklung sehr ausgeprägt, materielle und soziale Sicherheit sind gegeben, die Lebendigkeit der Begegnung in der Beziehung gerät jedoch immer mehr ins Hintertreffen. Dieses Phänomen ist in allen Altersgruppen zu finden. Der Verlauf ist schmerzhaft und das Ende oft qualvoll und langwierig, wie die beiden folgenden Fallbeispiele zeigen.

Petra, 33, Projektmanagerin

Petra erzählt zögernd von den letzten drei Jahren ihrer Beziehung mit Benjamin: »Wir sind seit acht Jahren ein Paar, seit fast sieben Jahren leben wir zusammen. Kennengelernt haben wir uns im Büro. Aus anfänglich kurzen Gesprächen wurde irgendwann ein Abendessen in einem romantischen Restaurant. Wir zogen zusammen, es folgten vier wunderschöne, aufregende und liebevolle Jahre miteinander. Dann kam der große Umbruch. Er hatte beruflich viel zu tun, ich einen neuen Job mit vielen Herausforderungen. Immer öfter trafen wir uns nur noch am Sofa vor dem Fernseher und dämmerten wortlos vor uns hin. Sex hatten wir nur noch am Wochenende, und irgendwann blieb er ganz weg. Seit drei Jahren haben wir überhaupt keinen sexuellen Kontakt mehr. Zärtlichkeiten werden zwar noch ausgetauscht, aber Sexualität gibt es gar keine mehr. Anfangs war noch die Hoffnung –

im nächsten Urlaub, nach dem Projekt, am verlängerten Wochenende etc. Wir harmonieren gut, wir kennen einander in- und auswendig, haben dieselben Lebens- und Wertvorstellungen, wir passen perfekt zueinander, aber eben ohne Sex. Eine Trennung ist für mich unvorstellbar, auch wenn ich unglaubliche Sehnsucht nach Sex habe, mit Benjamin geht das nicht mehr, es ist zu lange her.«

Thomas, 39, Chemiker
»Wir sind seit fünf Jahren verheiratet und insgesamt seit neun Jahren zusammen. Marion und ich harmonieren perfekt, der Alltag, die Wertvorstellungen, Freizeit- und Urlaubsplanung – alles passt wunderbar zusammen. Das Haus ist fertig gebaut, der Kinderwunsch groß. Aber sexuell reizt sie mich schon seit etwa zwei Jahren nicht mehr, ein halbes Jahr habe ich mein Begehren noch vorgetäuscht und währenddessen an andere Frauen gedacht. Aber seit eineinhalb Jahren läuft gar nichts mehr zwischen uns. Betrügen will ich sie nicht, aber irgendwie halte ich das immer weniger durch. Wir wünschen uns so sehr Kinder, aber ohne Sex wird das wohl nicht klappen. Wir wissen, dass es so nicht weitergehen kann, aber wir wagen es beide nicht, darüber zu sprechen. Eine Trennung kann ich mir nicht vorstellen«, sagt Thomas.

Auf der Ebene der Beziehungsgestaltung sind sexlose Partnerschaften in vielen Fällen sehr harmonisch und innig, sie stellen das ideale Paar in der Gesellschaft dar, werden bewundert und bekommen Anerkennung. So ist es auch für die Umwelt eine massive Überraschung, wenn sie von der Trennung dieses perfekten Pärchens erfahren.

»Wir lieben uns so sehr und mein Partner ist immer für mich da. Wir sind innig ineinander verschmolzen, ich kann mich nicht trennen«, sagt Martina. »Die letzten Jahre habe ich mit anderen Männern Sex gehabt, aber das schlechte Gewissen bringt mich fast um, so kann es nicht weitergehen«, ergänzt sie.

Die Erotik lebt aber nicht von Perfektion, Harmonie und Innigkeit, sondern von Ekstase, dem Außergewöhnlichen, dem Spiel mit dem »Verbotenen«, der Phantasie, Spannung und dem Begehren.

Wer nur pickt, erstickt!

Die Komfortzone

Verschmolzen sein ist wie ein Kontaktkleber. Erotik lebt aber von dem Spiel zwischen Nähe und Distanz. »Die picken ja nur aufeinander!«, heißt es dann häufig. »Klebende Beziehungen« gleichen der eines Kleinkindes zu den Eltern, wo die Nahbeziehung vorherrschend ist. Wer nur nah ist, wird eine zärtliche Beziehung haben, aber keinesfalls eine erotisch erfüllende.

Wieso halten trotzdem so viele Menschen an solchen Beziehungen fest?

- Wegen der Kinder?
- Wegen der finanziellen Situation?
- Wegen dem gemeinsam gebauten Haus?
- Wegen der Gemeinsamkeiten, Gewohnheiten und der Sicherheit?

- Aus einem Gefühl der Vertrautheit, Innigkeit und Liebe?
- Aus einem Gefühl der Verbundenheit?
- Aus Angst vor dem Alleinsein?
- In der Hoffnung auf Verbesserung oder Änderung?

Der Zauber der Verliebtheit und erotischer Höhenflüge ist der Realität und tiefer Liebe gewichen. Geborgenheit, Stabilität und Routine wachsen stetig, die Erotik verblasst. Manchmal zu schnell und völlig. Man blickt auf das, was man sich gemeinsam aufgebaut hat, und blendet die fehlende Sexualität oft eine Zeit lang aus.

Jugendlichkeit, Schönheit und Leidenschaft sind die ersten Faktoren, die in einer Partnerschaft vergehen. Für eine langfristige und glückliche Beziehung sind gemeinsame Werthaltungen und Interessen, gegenseitiges Verständnis und die Kultivierung von Liebe unbedingt erforderlich.

Die sexuelle Ebene zwischen zwei Menschen will ebenso gestaltet und gepflegt werden wie die Liebe selbst. Oft neigen wir dazu zu hoffen, dass sich das wieder einrenkt und nur eine Phase ist. Die Komfortzone wächst, das heißt, das gemeinsame Leben, Familie, Freundeskreis, Freizeit, Alltag, Urlaube, Interessen werden immer vertrauter und bequemer. »Sex wird überbewertet und ist nicht so wichtig, viel wichtiger ist die Vertrautheit und dass man sich gut versteht«, sagt Linda. Eine gewisse Zeit lang kann man sich mit Hoffnung und Zuversicht ganz gut ruhigstellen, aber irgendwann werden sich in den meisten Fällen die Leidenschaft, die Neugier und das Verlangen immer hartnäckiger zu Wort melden.

Auch ein noch unerfüllter Kinderwunsch kann sich in solchen Partnerschaften zu einem weiteren Belastungsfaktor entwickeln. Dieser Wunsch drängt nach einer Aktion. Wenn Ihr Partner nichts ändern will oder kann und Sie still leiden, ist es sehr wahrscheinlich, dass Sie eines Tages kinder- und partnerlos sind. Daran ist dann aber nicht Ihr Partner schuld. Sie selbst haben die Entscheidung getroffen, bei ihm zu bleiben. Vermutlich haben Sie auf die Hoffnung gesetzt oder die Bequemlichkeit und die Sicherheit vorgezogen.

In der Praxis zeigt sich immer wieder Folgendes:

»Wir hatten so tollen, innigen Sex, ich dachte, das würde bis in alle Ewigkeit so weitergehen, aber irgendwann schlug der Alltag zu: Stress, Überstunden, Projekte, berufliche Veränderungen, Müdigkeit, gemeinsame Kinder etc. verdrängten jegliche Erotik aus unserem Leben«, schildert Sonja ihre Situation.

Aber Vorsicht! Es passiert selten, dass die Lust eines Menschen völlig verloren geht. In vielen Fällen zeigt sich, dass die Erotik zwar aus der Partnerschaft verschwindet, aber nicht aus dem Leben eines Menschen. Sie wird häufig nur ausgelagert oder nach innen verlagert, im Sinne von geheimen Phantasien, Selbstbefriedigung, oder sie wird gänzlich verdrängt.

Es gibt mehrere Möglichkeiten, sexuelle Energie in anderen Bereichen auszuleben:

- Extremsport (Adrenalinkick, Flow)
- Kampfsport

- Motorsport oder aggressives Autofahren
- Arbeit
- verschiedene Hobbys
- Glaube, Spiritualität
- Konsum pornografischer Literatur und Filme
- Selbstbefriedigung
- Bordellbesuch
- Seitensprung oder Affäre

In manchen Fällen wird die Sexualität aufgrund schmerzhafter Erlebnisse verdrängt, bleibt aber latent vorhanden.

»Ich kann es nicht glauben, er hat mir immer erzählt, dass er zu müde ist, der Stress ihn umbringt. Jetzt erfahre ich, dass er immer wieder kurze und lange Affären während unserer Beziehung hatte. Als es aufflog, stritt er alles ab, verharmloste seine Taten und beteuerte seine innige, große Liebe zu mir. Ich sei der wichtigste Mensch in seinem Leben und alles, was er hat. Aber warum hat er mich dann so aufs Spiel gesetzt? Ich bin erschüttert und fassungslos«, erzählt Gerda.

Die Komfortzone ist auch tatsächlich wichtig. Sie gibt Sicherheit, Geborgenheit und Stabilität. Manfred und viele andere Männer sehen das ähnlich: »Warum sollte ich mich trennen, mit der nächsten Frau wird es genauso, die Leidenschaft ist anfangs überwältigend, aber in jeder Beziehung wird sie weniger aufregend. Ich kenne meine Frau, es ist alles gut geregelt, und ich will mich nicht von meinen Kindern trennen. Ich liebe meine Frau, aber Sex hole ich mir halt woanders. Ich will nicht auf Sexualität verzichten, und wenn es sein muss, gehe ich zu einer Prostituierten, denn was ist denn schon dabei, ich verwende ein Kondom, bin diskret und nehme meiner Frau nichts weg. Ich würde sie nie verlassen, sie ist mein bester Kumpel.«

>>*Man ist nicht nur verantwortlich*
für das, was man tut,
sondern auch für das, was man nicht tut.«

MOLIÈRE

Ausweg aus der Komfortzone

SELBSTTEST

- Gibt es in Ihrer Partnerschaft eine Sprache der Liebe und Erotik?
- Wie viel Zeit verwenden Sie darauf, sich über Liebe, Erotik, Partnerschaft, Begehren und Wünsche auszutauschen?
- Wie viel wird totgeschwiegen bzw. tabuisiert?
- Kennt Ihr Partner Ihre erotischen Vorlieben?
- Wie viel positive erotische Neugier haben Sie am anderen, aber auch an eigenen Vorstellungen oder gar Abgründen?
- Wie weit haben Sie sich an die Bedürfnisse des Partners angepasst und Ihre eigenen in den Hintergrund gestellt?

Wann ist es ratsam zu reagieren?

Wenn Sie die sexuelle Abstinenz als schmerzhaft, beziehungsbedrohend und eindeutig als Verschlechterung der Beziehung erleben. Die Toleranzgrenze ist individuell verschieden und kann bei mehreren Wochen, Monaten oder Jahren liegen.

Wie könnten Sie reagieren?

Reden

Reden Sie über das Problem, benennen Sie es. Nehmen Sie sich Zeit für ein Gespräch. Vereinbaren Sie einen Zeitrahmen mit Beginn und Ende. Überlegen Sie sich, wo Sie darüber sprechen wollen, zu Hause, bei einem Spaziergang oder an einem neutralen Ort. Finden Sie einen der Ernsthaftigkeit entsprechenden würdigen Rahmen.

Wer nicht spricht, zerbricht.

Reflexion

Denken Sie darüber nach, welche Wünsche noch vorhanden sind und welche erotischen Phantasien Sie haben. Überlegen Sie, wie Sie mit Ihren Vorstellungen die Beziehung wiederbeleben können. Gibt es überhaupt eine Chance auf Veränderung, ein gegenseitiges Gehör für diese Phantasien, oder ist jedes Gespräch eine weitere Problembeschreibung ohne Lösung? In solchen Fällen ist es ratsam, einen Mediator oder einen Therapeuten aufzusuchen.

Spüren Sie nach, ob Sie die Reflexionsarbeit mit Ihrem Partner gemeinsam machen oder sich fürs Erste mit sich alleine auseinandersetzen wollen.

Wenn aber die Grenze erreicht ist – und jede Belastungs-situation in einer Beziehung hat eine Grenze –, und Sie sich mit dem Gedanken einer Trennung tragen, wäre es hilfreich, sich mit den etwaigen Konsequenzen sozialer, materieller, familiärer, emotionaler, körperlicher und rechtlicher Natur auseinanderzusetzen.

Entscheiden

Um eine Entscheidung fällen zu können, braucht es üblicher-weise ausreichend Zeit. Zeit, um die eigene Position in einer Beziehung zu hinterfragen, sich einer Diskussion mit dem Partner zu stellen, sich umfassend Rat einzuholen und zu überprüfen: Spüre ich die Entscheidung in meinem Herzen, im Sinne von gefühlsmäßig stimmig, oder speist sie sich aus rationalen Überlegungen? In diesem Sinne ist eine umfas-sende Entscheidung eine »Veranstaltung« des Kopfes und des Herzens. Geben Sie der Frage »Welche Bedingungen brau-che ich, um eine etwaige Entscheidung tragen zu können?« Raum – von außen (Freunde, Familie etc.) und innen (Zu-kunftsvision, Pläne etc.). Wenn Sie diesen und vielleicht auch anderen Erwägungen genug Raum gegeben haben, achten Sie darauf, wann für SIE der richtige Zeitpunkt ist, um eine Entscheidung Ihrem Partner mitteilen zu können. Achten Sie dann wieder auf den Rahmen, in dem das passieren sollte.

Geben Sie dem Entscheidungsprozess Zeit, sich zu formie-ren.

Handeln

Step by step! Nehmen Sie sich die Zeit, um einen Schritt nach dem anderen gehen zu können.

Haus, Firma oder sonstiger Besitz können sehr bindend sein und bedürfen der Lösungsstrategie, im Sinne von organisieren, regulieren und managen – begleitendes Coaching, Mediation, juristischer Beistand können hilfreich sein. Das gilt auch für die Regelung von gemeinsamen Kindern. Das Auflösen der emotionalen Bindung bedarf einer würdevollen und achtsamen Hinwendung zu eigenen emotionalen Prozessen, um Platz geben zu können für Trauer, Enttäuschung, Zorn, Ärger und andere auftauchende Gefühle. Halten Sie sich vor Augen, dass Sie sich mit der Auflösung einer Beziehung auf einen labilisierenden Prozess einlassen, der Zeit, Ruhe, Unterstützung, Trost, Bestärkung und ein nährendes Umfeld braucht, damit sich Stabilität nach und nach wieder formieren kann. Wenn Sie dabei unüberbrückbare Schwierigkeiten haben und die Irritationen eklatant überhandnehmen, holen Sie sich Unterstützung bei Freunden, Familie, Ärzten, Psychologen, Psychotherapeuten oder sonstigen für Sie wichtigen Personen.

Viele Menschen beklagen sich über ihre Lebensumstände, denken aber nicht darüber nach, welche ihrer zuvor getroffenen Entscheidungen gerade zu diesen Lebensumständen geführt haben.

Nähe und Distanz

Für eine tragfähige Partnerschaft brauchen wir das Wechselspiel von Nähe und Distanz. Sehen wir uns dazu drei Beispiele an: die Autonomie, die Symbiose und die Wir-Zone.

Stellen Sie sich zwei Kreise vor. Der eine Kreis stellt Sie selbst dar, der andere Kreis den Partner.

Autonomie

In der Kennenlernphase sind beide Partner zwei autonome Persönlichkeiten. Wenn diese beiden Menschen aber in der Partner-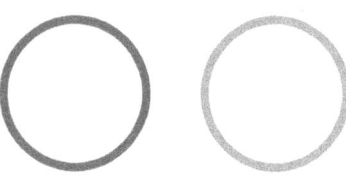 schaft nur die Distanz, also nebeneinanderher leben, führt das zu Kontaktlosigkeit. Das kann in vielen Fällen zu einem Gefühl von Unsicherheit, Ängsten, Isolation und letztendlich zum emotionalen Verhungern führen.

Symbiose

Die erste Verliebtheit in der Kennenlernphase führt zu einer Symbiose, einem Verschmel- zungszustand, der anfangs durchaus reizvoll und ein Vorteil für beide sein kann. Später, in einer Beziehung, wenn beide Partner ständig aneinanderkleben, wird irgendwann einer der beiden Partner ersticken und die Beziehung sterben, denn in der extremsten Form einer Symbiose ist zumindest einer der Partner alleine nicht mehr lebensfähig. Wie in der Biologie können wir den stärkeren Partner durchaus als Wirt bezeichnen, während der schwächere Partner der völlig abhängige Symbiont ist.

»Wir-Zone«

Wenn wir es schaffen, aus den symbiotischen und völlig getrennten Phasen eine gemeinsame »Wir-Zone« zu gestalten, die natürlich immer in Bewegung ist, dann sind 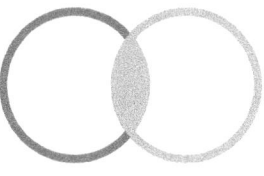 wir auf dem richtigen Weg in eine tragfähige, reife Partnerschaft. Das heißt, es kommt zu einem Wechselspiel zwischen Verschmelzung und Trennung. Wenn wir zur Arbeit gehen, sind wir getrennt, wenn wir unseren eigenen Hobbys nachgehen, ebenso. Die »Wir-Zone« kann somit von der völligen Verschmelzung bis hin zu einer kleineren Schnittfläche variieren. Ein Beispiel dafür wäre, gemeinsam einen Fernsehfilm anzusehen. Wir sind dann zwar mit unserem Partner zusammen, aber die »Wir-Zone« beschränkt sich auf das gemeinsame Verfolgen einer TV-Sendung, im Gegensatz zu einer Auseinandersetzung mit dem Gegenüber, im Sinne einer gemeinsamen Aktivität.

Qualitative »Wir-Zone«

Die Zeit, die Sie miteinander verbringen, ist sehr intensiv und bewusst gestaltet. Sie machen gemeinsam Sport, gehen essen, kochen zusammen, teilen ein Hobby, unterhalten sich über Ihre Wünsche und Träume, Sorgen und Pläne und vieles mehr.

Quantitative »Wir-Zone«

Sie verbringen Ihre gesamte Freizeit miteinander, aber den Großteil dieser Zeit sehen Sie fern oder jeder beschäftigt sich mit anderen Dingen. Das heißt, es gibt kaum eine Auseinandersetzung mit dem Partner, wenig Gespräche, wenig Kontakt.

»Wir-Menschen«

Wir alle kennen diese Menschen. Endlich ist der ersehnte Partner da und das »Ich« wird hintangestellt, und es gibt nur noch zu hören: »Wir machen, wir kaufen, wir sind, wir haben, wir planen, das ist unser Haus, unser Hund, unser Auto« und dergleichen. Das zeigt eine Tendenz zu einem großen Schutzbedürfnis – ähnlich wie es bei einem Kind zu beobachten ist. Dies führt zu einer Reduktion der eigenen Persönlichkeit. Die Eigenständigkeit des Partners wird nicht mehr wahrgenommen. Eine symbiotische Beziehung birgt die Gefahr von Abhängigkeit und Verlust des Selbstwerts.

> *»Im Gegensatz zur symbiotischen Vereinigung*
> *ist die reife Liebe eine Vereinigung, bei der die Integrität*
> *und Individualität bewahrt bleibt.«*
>
> **ERICH FROMM**

Analysieren Sie, ob Sie sich nur noch über ein »Wir« definieren. In Beziehungen ist es sehr wichtig, das »Ich« aufrechtzuerhalten, um die Autonomie zu pflegen, um eigenen Interessen nachzugehen und Hobbys auszuüben. Wo sich »Ich« und »Du« auflösen und hinter einem nebulösen »Wir« verschwinden, steuern Sie auf Unselbstständigkeit und Abhängigkeit zu. Dieser Verlust der Selbstständigkeit wird Ihnen vielleicht schon während der Beziehung, aber ganz sicher nach einer Trennung, massive Schmerzen bereiten. Kontrolle wird das zentrale Thema Ihrer Beziehung sein, und Kontrollverlust das Thema Ihrer Trennung. Sie

können diesem Kummer mit Ihrer Selbstliebe entgegen-
steuern.

>*So ist es, wenn ein Mensch sein Liebesvermögen
auf einen einzigen Gegenstand gesammelt hat;
mit dessen Verlust stürzt alles zusammen,
und er steht arm zwischen Trümmern.*<

HERMANN HESSE

Halten Sie Ihre Autonomie aufrecht, üben Sie das Alleinsein,
fördern und stärken Sie Ihre Selbstfürsorge, lassen Sie sich
und Ihrem Partner genug Freiräume, damit Sie sich beide
entwickeln und entfalten können.

Ich möchte alles mit dir gemeinsam machen

Tamara, 25 Jahre, erzählt, dass sie nach sieben Monaten noch
immer verliebt sei wie am ersten Tag und ihr Freund alles gemeinsam mit ihr unternehmen möchte. Sie sei völlig glücklich in ihrer Beziehung. Aber alles gemeinsam zu machen
empfindet sie als erdrückend. Sie erzählt leicht gereizt, dass
ihr Partner es auf keinen Fall dulden würde, wenn sie alleine,
also ohne ihn, ausginge. Er liebe sie doch so sehr und wolle
nicht länger als unbedingt notwendig von ihr getrennt sein.

Ihre Leidenschaft zum Tanzen sei kein Geheimnis. Sie erzählt, dass sie das Tanzen ihm zuliebe eingestellt habe, weil
er das nicht mochte. Es sei für sie aber nicht so schlimm,
denn ihre Beziehung sei viel wichtiger, als Tanzen zu gehen.

>Ich habe ein schlechtes Gewissen. Da ist endlich ein

Mann an meiner Seite, der mit mir zusammen sein will, und ich bin so undankbar«, sagt Tamara. »Aber ich fühle mich stark unter Druck gesetzt und empfinde sein Verhalten als ziemlich eifersüchtig«, fügt sie hinzu.

Wahre Liebe kennt keine Ketten, sperrt den Partner nicht ein, sondern lässt ihm genügend Freiräume und schenkt Vertrauen.

♥ Die Regulierung von Nähe und Distanz ist eines der Kernthemen jeder Beziehung!

Wie viel Nähe brauche ich, um mich sicher und geliebt zu fühlen? Wie viel Distanz brauche ich, um mich zu entspannen und meinen eigenen Interessen nachgehen zu können?

Eifersucht

Wenn Sie das Gefühl haben, dass Sie eingesperrt werden und die Eifersucht eine große Rolle in Ihrer Beziehung spielt, sprechen Sie darüber. Was fehlt mir oder meinem Partner? Was sind die Befürchtungen, wenn jeder seinen eigenen Hobbys nachgeht?

Wenn Sie selbst von übermäßigen Eifersuchtsgefühlen geplagt werden, analysieren Sie diese. Gibt es schlechte Erfahrungen in Ihrer Vergangenheit? Gibt es einen Anlass für Ihre Eifersucht oder liegt es an Ihrer eigenen Unsicherheit? Besprechen Sie offen Ihre Gefühle mit Ihrem Partner. Wenn Sie zu krankhafter Eifersucht neigen, suchen Sie professionelle Unterstützung.

*»Eifersucht ist die Angst
vor dem Vergleich!«*

MAX FRISCH

Viele von uns kennen das Gefühl der Eifersucht, die zur biologischen Grundausstattung von uns Menschen gehört. Wie kommt es aber dazu? Das Urbedürfnis, im »Rudel« leben zu wollen, ist noch immer vorhanden, denn es vermittelt uns Sicherheit. Alleine leben zu müssen war mit viel mehr Gefahren verbunden. Schon in der Urzeit sicherte die Treue für den Mann, das eigene Erbgut weiterzugeben, und verhinderte die Versorgung für ein »Kuckuckskind«. Für Frauen bedeutete die Treue Sicherheit und Fürsorge für sich und die Nachkommen.

Meist ist aber der Verlust des Partners nicht so schmerzhaft wie die Tatsache, dass eine andere Person vorgezogen wird. Die andere Person ist wichtiger und wertvoller als man selbst. Männer und Frauen unterscheiden sich bezüglich Eifersucht nur insofern, dass bei Männern im Allgemeinen ein höheres Aggressionspotenzial zu beobachten ist und körperliche Untreue der Partnerin als besonders verletzend empfunden wird. Frauen hingegen reagieren äußerst gekränkt, wenn sich ihr Partner einer anderen Frau gegenüber außergewöhnlich hilfsbereit und fürsorglich zeigt. Tatsache ist aber, dass Frauen im Gegensatz zu Männern eher dazu bereit sind, professionelle Hilfe in Anspruch zu nehmen. Jedenfalls kann aufgrund von Eifersucht die Beziehungs- und Lebensqualität beider Geschlechter massiv eingeschränkt werden.

»Eifersucht ist eine Leidenschaft,
die mit Eifer sucht, was Leiden schafft!«

FRANZ GRILLPARZER

Krankhafte Eifersucht

Die Grenzen von normaler zu krankhafter Eifersucht sind fließend. Die Wissenschaft unterscheidet zwischen zwanghafter und wahnhafter Eifersucht.

Für die Entwicklung krankhafter Eifersucht spielen Erlebnisse aus der Kindheit, vorangegangene Beziehungen, ein geringes Selbstwertgefühl und eine depressive Symptomatik eine wesentliche Rolle. Berufliche Tätigkeiten und Sozialkontakte werden vernachlässigt, und die Eifersucht nimmt den wichtigsten Part im Leben des Betroffenen ein. Unsicherheit, Lustlosigkeit, Appetitlosigkeit und Depression machen sich breit, im Extremfall kann es auch zu Wahnvorstellungen kommen. Der Betroffene ist völlig überzeugt davon, dass er betrogen wird, und auch Klärungsversuche bleiben erfolglos. In solchen Fällen sprechen wir von Eifersuchtswahn, dem nur mehr mit professioneller Hilfe Einhalt geboten werden kann.

Auch der Partner ist in seiner Lebensqualität stark eingeschränkt und wird zum Leidtragenden, da ihm seine Selbstständigkeit und Freiheit genommen werden.

Folgende Hinweise sind typisch für eine krankhafte Eifersucht:

- Sie denken oft daran, dass Ihr Partner Sie betrügen könnte.

- Alles, was Ihr Partner sagt, deutet für Sie auf eventuelle Untreue hin.
- Sie spionieren Ihrem Partner hinterher.
- Sie sprechen häufig über das Thema Untreue.
- Sie wollen Ihren Partner nicht aus den Augen lassen.
- Sie stöbern in den persönlichen Sachen Ihres Partners.
- Sie kontrollieren die Anrufe Ihres Partners.
- Sie telefonieren Ihrem Partner laufend hinterher.
- Sie haben keine Freude mehr an Ihrer Arbeit.
- Sie haben keine Lust, Freunde oder Bekannte zu treffen.
- Sie haben keinen Appetit mehr.

Das können Sie gegen Ihre Eifersucht tun:

- Beobachten Sie Ihr eigenes Verhalten. Setzen Sie sich mit sich selbst auseinander.
- Passen Sie sich Ihrem Partner nicht vollkommen an.
- Bewahren Sie Ihre Selbstständigkeit.
- Vermeiden Sie es, Ihren Partner zu kontrollieren.
- Respektieren Sie Ihren Partner.
- Klären Sie eigene Wünsche und Bedürfnisse mit ihm ab.

Wenn sich aber keine Änderung der Eifersucht einstellt, nehmen Sie professionelle Hilfe in Anspruch, indem Sie zum Beispiel einen Psychologen oder Psychotherapeuten aufsuchen, um die Ursachen Ihrer Eifersucht zu entdecken und Lösungsstrategien zu entwickeln.

Die Beziehung zu dritt

Anatol, 35, Technischer Angestellter

Anatol hat vor 15 Jahren geheiratet. Aus welchem Grund, kann er heute nicht mehr ganz genau sagen, aber sicher war auch Liebe dabei. Es war eine romantische Idee, die in einem Urlaub geboren und kurz darauf auch wahrgemacht wurde. Es folgten drei Kinder, weil Kinder irgendwie dazugehören. Anatol arbeitet sehr viel und zielstrebig, seine Frau ist zu Hause bei den Kindern. Das Leben läuft dahin, jeder ist mit sich beschäftigt. Irgendwann geht der Kontakt zueinander verloren. Jeder geht seiner Wege, er bleibt gerne länger im Büro, meldet sich immer, wenn eine Geschäftsreise ansteht. Sie verliert sich in der häuslichen Perfektion, jede Jahreszeit und jeder Anlass findet sich in der passenden Dekoration. Die Kinder sind gut erzogen, der Haushalt bestens organisiert und auch das Essen ist stets perfekt zubereitet. Viel hat man sich nicht mehr zu sagen, jeder kennt seine Aufgaben und erfüllt diese ohne großartig nachzufragen.

Dann lernt Anatol auf einer seiner zahlreichen Geschäftsreisen eine junge Kollegin kennen und verliebt sich heftig und leidenschaftlich. Es folgt eine Zeit voller Abenteuer, Erotik und Liebe. Er fühlt sich lebendig wie nie zuvor. »Sie hört mir stundenlang zu, erahnt meine Wünsche und teilt meine Visionen«, erzählt er. Er möchte neu anfangen und den Alltagstrott hinter sich lassen, gibt er zu verstehen. Seine Kollegin schwelgt abwechselnd in Sehnsucht, Hoffnung und Verzweiflung. Seine Zerrissenheit wächst und beeinträchtigt ihn immer mehr in seiner gesamten Lebensführung, aber auch bei der Entscheidungsfindung.

Zweifel und Hader sind seine ständigen Begleiter. Welche von beiden liebt mich mehr? Wo bekomme ich, was ich brauche und verdiene? Wer ist mehr für mich da? Für wen soll ich mich entscheiden?

Ina, 38, Juristin

Ina ist seit zwölf Jahren mit ihrem Freund zusammen. Es gibt keine Kinder, jeder hat seine eigene Wohnung. Beide waren mit dem Erklimmen der Karriereleiter beschäftigt und wollten gemeinsame Wohnungs- und Familienplanung auf einen späteren Zeitpunkt verschieben. Sie haben sich zielstrebig ihren Karrieren gewidmet. Ina beschreibt ihre Beziehung als sehr vertraut und liebevoll. Miteinander zu schlafen ist schon seit längerer Zeit nur noch ein Pflichtprogramm. Sie fühlt sich aber gut aufgehoben und versorgt.

Doch dann lernt Ina einen anderen Mann kennen, der sich heftig um sie bemüht, obwohl er von ihrer Beziehung weiß. Sie ist misstrauisch. Er ist sportlich sehr aktiv, aber auch ständig unterwegs. Ina führt die nächsten Monate eine Dreiecksbeziehung. Anfangs ist sie beflügelt, genießt die Leidenschaft, das Neue, das Aufregende. Sie ist nicht in der Lage, sich für einen der beiden zu entscheiden. Sie entscheidet sich für beide. Es folgt eine qualvolle Zeit voller Lügen und schlechtem Gewissen. Ihr Partner wird misstrauisch. Konflikte und zahlreiche Fragen sind an der Tagesordnung. Ina muss sich entscheiden. Entscheiden heißt aber, eine Möglichkeit wahrzunehmen und die andere loszulassen. Loslassen ist ihr Lebensthema. »Ich kann nicht loslassen«, sagt sie immer wieder, gefolgt von einem zaghaften und leisen »Ich muss aber – wie geht das?«.

Ina erzählt, dass ihr langjähriger Partner bis heute immer für sie da war und er sie auch sein lässt, wie sie ist. Er verwöhnt sie, unterstützt sie und erfüllt fast alle ihre Wünsche. Der »andere« erfüllt in erster Linie ihre sexuellen Phantasien, ist dafür aber sehr egoistisch. Sie fühlt sich dennoch von ihm angezogen. Sie beendet abwechselnd die eine und dann die andere Beziehung. Beide Männer bemühen sich daraufhin verstärkt um sie. Ina will eine Garantie für die richtige Entscheidung. »Irgendwann wird es schon ›klick‹ machen und ich werde wissen, mit wem von den beiden Männern ich leben will.« Zwei Jahre später hat es aber noch immer nicht »klick« gemacht. Mittlerweile ist sie energielos und mit ihrer Kraft am Ende.

Wird eine Affäre nicht beendet, stellt sich immer wieder die Frage, ob es um Liebe zu einem anderen Menschen geht, oder um die Liebe zu sich selbst.

Folgende Fragen treten häufig auf:

- Wer von beiden tut mehr für mich?
- Mit wem von beiden fühle ich mich wohler?
- Wer von beiden liebt mich mehr und bleibt bei mir?
- Mit wem von beiden fühle ich mich sicherer?

In der Liebe müssen wir bedauerlicherweise ohne Garantieschein auskommen, es gibt keine Versicherung. Wir können nur mutig unserem Herzen folgen, die Liebe pflegen und Vertrauen nähren. Eine Affäre, die über einen längeren Zeitraum geht, erzeugt bei allen Beteiligten früher oder später Verlustängste. Wir müssen nicht Bescheid wissen, dass ein anderer Mensch im Spiel ist, nach einer gewissen Dauer einer Affäre spürt der betrogene Partner, dass etwas nicht stimmt, wird misstrauisch, unsicher und unglücklich.

Aber auch das Vertrauen wird stark in Mitleidenschaft gezogen. Vor allem bei Menschen, die vielleicht zum ersten Mal in ihrem Leben in einer Affäre stecken. »Wenn ich mich selbst in so einer Situation befinde, ist es gewiss auch möglich, dass mein Gegenüber dasselbe tut!?«

Kummer mit der Liebe haben alle Menschen, die sich in einer Dreiecksbeziehung befinden, egal ob Betrogener, Betrügender, Geliebte oder Geliebter.

Annähernd 40 Prozent der Männer und Frauen sind laut unserer Umfrage in einer ihrer Beziehungen zumindest einmal fremdgegangen. Geschlechtsspezifische Unterschiede gibt es hierbei keine.

Das Auflösen von Dreiecksbeziehungen

Der Beginn einer Affäre berauscht wie ein Cocktail, der aus Leidenschaft, Sehnsucht, Abenteuer und Geheimnis besteht, all die Dinge, die in einer bestehenden Partnerschaft schon seit längerer Zeit verloren gegangen sind oder die man nicht mehr ausleben kann. Im Vordergrund stehen zu Beginn meist eine intensive Emotionalität und eine erotische Anziehungskraft, die möglicherweise in der bestehenden Beziehung schon verflacht oder in der Wohlgeordnetheit nicht mehr spürbar sind.

Affären haben immer ein Nischen-Dasein und unterliegen der Geheimhaltung, was es in vielen Fällen sehr spannend und aufregend macht. Zukunftspläne und Beziehungsgestaltung bleiben im Hintergrund.

Im Unterschied zu einem Seitensprung zieht sich eine Affäre über einen längeren Zeitraum hin. Irgendwann beginnt das Drama, nämlich dann, wenn sich bei einem von beiden ein Verliebtheitsgefühl einstellt. Einer von beiden will mehr, und zur Leidenschaft gesellen sich fordernde Fragen. Diskussionen beginnen, und es steht eine schmerzhafte und tränenreiche Zeit bevor. Versprechen, Zugeständnisse, unerfüllte Hoffnung, Sehnsucht, Eifersucht und »Deadlines« werden sie begleiten.

Nur sehr selten entsteht aus einer Affäre eine tragfähige Partnerschaft, wo beide in guten und in schlechten Zeiten füreinander da sind und Hochzeitspläne geschmiedet werden.

Denken Sie daran, dass ein Mensch, der von einer in die nächste Beziehung stürzt, keine Gelegenheit hatte, Probleme aus der alten Beziehung oder eigene Probleme aufzuarbeiten. Diese Probleme werden mitgenommen und können die neue Partnerschaft belasten.

Selbstverständlich kann uns die Verliebtheit wie ein Blitz treffen, und sämtliche schmerzhaften Erinnerungen an vergangene Partnerschaften sind nicht mehr spürbar. Dies ist aber nicht immer der Fall. Oftmals kommt es vor, dass Menschen sich trennen und schnell wieder eine neue Partnerschaft eingehen, aber neben dem Verliebtheitsgefühl auch destruktive Gefühle wie Trauer und Schmerz mitbringen. Achten Sie darauf, inwieweit diese unaufgearbeiteten Gefühle Ihre Partnerschaft belasten.

Ich betrüge

Auch wenn Sie eine Affäre begonnen haben und den anfänglichen Reiz genießen, Sie sich in der Verliebtheitsphase
befinden und der Reiz des Verbotenen Ihre Gefühle noch
verstärkt, kommt es in den meisten Fällen zu einem Gefühls-
und Gedankenchaos. »Wem habe ich was erzählt, habe ich
alle SMS oder E-Mails gelöscht? Wie schaffe ich es, noch
ein Zeitfenster einzubauen?« sind nur einige der quälenden
Überlegungen, die früher oder später aufkommen. Sie werden sich mit Ihrem schlechten Gewissen, mit Diskussionen
mit dem neuen Partner und quälenden Entscheidungspro-
zessen auseinandersetzen müssen.

Sie suchen Entschuldigungen und Rechtfertigungen für
den Betrug? Schuldzuweisungen scheinen Ihr Handeln zu
mildern, beispielsweise: »Wenn mein Partner mich nicht so
vernachlässigt hätte, dann würde ich jetzt nicht…!«

Es gibt keine Entschuldigung für Ihren Betrug.

Wenn Ihr Partner Sie vernachlässigt, gekränkt oder verletzt
hat, ist das keine Rechtfertigung für einen Betrug. Wenn Sie
in Ihrer bestehenden Beziehung leiden, suchen Sie eine Klärung. Wenn das nicht möglich ist, breiten Sie dieses Leid
nicht weiter aus, indem Sie eine neue Person in Ihr persönliches Drama hineinziehen. Schaffen Sie Klarheit! Wenn Sie
wirklich der Meinung sind, dass Ihre bestehende Partnerschaft zu Ende ist und der neue Partner für Sie passender
erscheint, ziehen Sie einen Schlussstrich. Häufig kommt
es vor, dass keine Entscheidung getroffen und die Entschei-
dungsunfähigkeit immer größer wird. Stellen Sie sich die

Frage: Wer oder was kann hilfreich sein, um eine klare Entscheidung treffen zu können. Wird Ihre Entscheidungslosigkeit chronisch, holen Sie sich Unterstützung durch Freunde, Bekannte oder Fachleute.

Welche zusätzlichen Faktoren hindern Sie, eine Entscheidung zu treffen? Gibt es moralische, religiöse oder gesellschaftliche Gründe? Sind Kinder vorhanden?

Je länger Sie beide Beziehungen aufrechterhalten, desto mehr Verletzungen fügen Sie sich selbst und den anderen beiden Menschen zu.

Wenn Sie der Meinung sind, dass eine Affäre Ihre bestehende Partnerschaft wiederbelebt, werden viele von Ihnen am Ende eher enttäuscht als beflügelt sein. Affären bringen weder frischen Wind in Ihre bestehende Partnerschaft, noch schaffen Sie durch eine dritte Person wieder mehr Nähe zu Ihrem Partner. Mit einer Affäre legen Sie einen Schleier über Ihre Beziehung, schaffen mit diesem Vertrauensbruch Distanz und letztendlich Verletzung und Enttäuschung.

Je länger ein Dreiecksverhältnis läuft, desto eher besteht die Gefahr, dass sich am Ende alle drei Beteiligten im Singlestatus wiederfinden. Treffen Sie aktiv eine Entscheidung, mit wem Sie zusammen sein und von wem Sie sich trennen möchten. Vielleicht wollen Sie sich von beiden trennen? Entscheidungslosigkeit nährt langfristig die Unzufriedenheit aller Beteiligten.

Ich bin Geliebte bzw. Geliebter
Wenn Sie die Geliebte an der Seite eines Mannes sind, der vergeben oder verheiratet ist und Ihnen von Anfang an klar und unmissverständlich gesagt hat, dass er sich nicht von sei-

ner Partnerin trennen möchte: Bitte glauben Sie es! Natürlich gibt es Fälle, wo es letztendlich doch zu einer Trennung kam, das kommt in der Praxis aber eher selten vor. Die Chancen auf eine Trennung verringern sich, je länger die Partnerschaft besteht, wenn Kinder da sind, wenn es einen stark verbindenden finanziellen Hintergrund gibt oder wenn der Mann eine wichtige gesellschaftliche Rolle innehat. Wenn Sie die Geliebte an der Seite eines Mannes sind, der vergeben oder verheiratet ist und Ihnen immer wieder eine Trennung oder Scheidung verspricht, ohne entsprechende Schritte zu setzen, dann handeln Sie! Solange er von Ihnen bekommt, was er möchte – in den meisten Fällen Leidenschaft –, wird er sich nicht von seiner Freundin oder Frau trennen. Warum auch? Egal, wie sehr Sie sich über die Situation beklagen, für ihn zählt, was Sie tun! Wenn Sie immer zur Verfügung stehen, wenn er es möchte, und Sie immer wieder Verständnis zeigen, wird er Ihr Jammern als unangenehme Nebengeräusche wahrnehmen. Was für ihn zählt, ist das, was Sie tun, und nicht, was Sie ihm androhen. Sie können ihn maximal in die Flucht treiben, wenn Sie sich zu sehr beklagen. Sein Herz wird es sicherlich nicht öffnen. Wenn Sie in Ihrem Gegenüber etwas ändern wollen, ändern Sie sich selbst, indem Sie zu handeln beginnen und Taten setzen. Wenn der Geliebte Ihnen verspricht, sich von seiner Frau scheiden zu lassen, dann sagen Sie ihm, dass er sich nach seiner Scheidung wieder bei Ihnen melden soll, und achten Sie darauf, wie er reagiert, es sei denn, Sie möchten laufend hingehalten werden.

♥
♥ Handlungen haben immer mehr Bedeutung als Worte.
♥

Bringen Sie Ihre Wünsche, Bedürfnisse und Grenzen klar zum Ausdruck. Bleibt es nur bei Versprechungen und Lippenbekentnissen, ändern Sie Ihre Strategie und ziehen Sie einen Schlussstrich. Treffen Sie eine Entscheidung, bevor diese Situation zu belastend für Sie wird.

Wenn Sie zu den Frauen gehören, die eine tragfähige Partnerschaft anstreben und eventuell auch eine Familie gründen möchten, werden Sie in den Armen eines gebundenen Mannes, der sich aus der anderen Beziehung nicht lösen kann oder will, langsam aber sicher emotional verhungern.

In der Praxis kann beobachtet werden, dass Männer seltener für die jahrelange Zweitbesetzung zu haben sind. In den meisten Fällen drängen Männer nach ungefähr sechs Monaten auf eine klare Entscheidung. Frauen hingegen sind manchmal jahrelang bis lebenslang die Zweitfrau und haben diesbezüglich eine höhere Durchhalte- und damit auch Leidensfähigkeit als Männer.

♥
♥ Stellen Sie sich die Frage, ob Sie die Priorität im Leben eines geliebten Menschen sein wollen oder ob Ihnen der Status einer Option ausreichend ist.

Ich werde betrogen
Wenn Sie eine Vermutung oder ein eigenartiges Gefühl haben, verfolgen Sie diese Spur!

Wenn Sie wissen, dass Ihr Partner Sie betrügt, haben Sie mehrere Möglichkeiten:

Sie können kämpfen und einen gemeinsamen Neuanfang anstreben.

Sie können aber auch stumm leiden, ...

- weil Sie Angst vor Einsamkeit haben.
- wegen der Kinder.
- wegen der Leute.
- weil Sie Ihren Partner noch lieben.
- weil Sie auf Besserung hoffen.

»Es macht die Wüste schön,
dass sie irgendwo einen Brunnen birgt.«

ANTOINE DE SAINT-EXUPÉRY

Treffen Sie eine Entscheidung, ob Sie die Affäre beenden und bei Ihrem Partner bleiben wollen und was Sie
und Ihr Partner für diesen Neuanfang brauchen!

Neubeginn nach einer Affäre

Je länger und intensiver die Beziehung zu der anderen Person war, desto schwieriger wird es werden, die ursprüngliche
Partnerschaft fortzusetzen.

Wenn Affären zur Haltung werden, das heißt zum Lebensstil geworden sind, dann liegt eine massive Verletzung und
ein tiefgreifender Vertrauensmissbrauch vor, der in den seltensten Fällen wiedergutgemacht werden kann.

Handelt es sich um einen einmaligen Seitensprung, ist
der Weg zurück in die ursprüngliche Partnerschaft einfacher,

aber es braucht die Entscheidung beider Partner. Der »Betrü-
ger« braucht Einsicht und Bereitschaft, seinen Seitensprung
oder seine Affäre zu durchleuchten und zu hinterfragen, um
die Bedeutung seines »Fehlverhaltens« und den damit aus-
gelösten Schmerz zu begreifen. Ohne Reflexion ist das Bitten
um Verzeihung eine leere Formel.

Wenn Sie betrogen worden sind, nehmen Sie sich Zeit. Sind
Sie tatsächlich schon bereit zu verzeihen, oder gibt es noch
einen Funken Misstrauen? Was macht Ihnen das Verzeihen
noch schwer? Benötigen Sie weitere klärende Gespräche?
Was brauchen Sie von Ihrem Partner als »Wiedergutmachung«? Achtung Falle: Wiedergutmachung geschieht nicht
durch materielle Dinge, zum Beispiel ein neues Auto als Geschenk. Die Heilung des Herzschmerzes erfolgt über Zeit,
Zuwendung, Aufmerksamkeit, klärende Gespräche, sehr viel
Liebe und Zärtlichkeit, denn das Vertrauen muss wieder genährt und aufgebaut werden.

    Wenn Sie die Beziehung nicht mehr fortsetzen wollen bzw.
können oder verlassen worden sind, lesen Sie im Kapitel 4
weiter.

Ändere dich!

Tim, 44, Angestellter
Tim erzählt, dass seine Lebensgefährtin Beate ihn in die Liebeskummerpraxis schickt, damit die ständigen Konflikte, die
ihren gemeinsamen Alltag prägen, endlich aufhören. Beate
ist der Meinung, dass sie nichts Unmögliches von ihm ver-

lange, nur ordentliche Kleidung, eine bessere Frisur, Interesse für Kunst, Kultur und Natur, statt Interesse an Sport, Motorradfahren und Pokerabenden. Er solle an sich arbeiten.

Tim erzählt, dass sie seit zwei Jahren zusammen sind und sich nun überlegen würden, eine gemeinsame Wohnung zu nehmen. Bis vor Kurzem sei alles ganz gut gelaufen, aber sie wäre der Meinung, dass sich einiges ändern müsse bzw. dass es an ihm sei, einiges zu ändern.

Tim ist ziemlich verunsichert, da er grundsätzlich mit sich und seinem Leben, wie es bisher verlaufen ist, sehr zufrieden ist. Er ist Angestellter in einer Bank und mag Sport, Ausfahrten mit seinem Motorrad und einmal im Monat pokert er mit seinen Freunden. Beate sei mit seiner Lebensführung allerdings nicht zufrieden und davon überzeugt, ein paar Stunden Selbsterfahrung würden ihm guttun. Aus diesem Grund sitzt er nun auf der Couch, wenn auch etwas zweifelnd, weil er im Grunde überhaupt nicht vorhatte, irgendetwas an sich zu verändern. Sein Wunsch ist, mit seiner Partnerin in eine gemeinsame Wohnung zu ziehen und mit ihr in Harmonie und glücklich zu leben.

Tim hat schon seit längerer Zeit das Gefühl, dass Beates Liebe zu ihm an Bedingungen geknüpft ist und er nur durch Veränderungen seines Lebensstils die Beziehung zu ihr aufrechterhalten kann. Seit einigen Wochen zweifelt Tim in stärkerem Ausmaß daran, ob es in seiner Beziehung wirklich um Liebe geht.

Was denken Sie? Ist bei Menschen Vorsicht geboten, die ständig kritisieren und Sie mehr oder weniger verändern wollen?

Wie sehr achten Sie darauf, ob es sich nur um bescheidene Kompromisse handelt oder um das Bestreben, die gesamte Persönlichkeit zu verändern?

Haben Sie das Gefühl, gut mit sich selbst klarzukommen oder gibt es einen Veränderungswunsch? Wenn Ihr Partner Sie häufig kritisiert und damit Ihr Selbstwertgefühl schwächt, anstatt Sie zu stützen und zu fördern, könnte ein Gespräch über wertschätzenden Umgang miteinander hilfreich sein. Wenn Sie selbst mit Ihrer Lebensgestaltung zufrieden sind, sollten Sie diese beibehalten, solange Sie anderen Menschen keinen Schaden zufügen. Behalten Sie Ihren Kleidungsstil bei, wenn Sie sich wohlfühlen. Jedoch kann es gelegentlich die Beziehung beleben, wenn Sie eine Kleidung der Wahl Ihres Partners tragen. Auch in den Bereichen Kunst, Kultur, Musik und Film, die nicht gemeinsam gelebt werden wollen, sind Kompromisse erforderlich. In der Praxis zeigt sich, dass auch der Freundeskreis ein großes Potenzial für Kritik mit sich bringt. »Wieso triffst du dich immer mit XY? Was magst du an dem? Der ist so furchtbar …« Lassen Sie Ihrem Partner seine Freunde, soweit diese nicht Ihre Beziehung gefährden. Ebenso verhält es sich mit Interessen. Sie müssen nicht alle Interessen teilen und verstehen, wichtig ist, inwieweit Interessen Ihre Partnerschaft belasten oder einschränken. Wenn Ihr Partner seine Wochenenden ausschließlich auf dem Tennisplatz verbringt und Sie kaum Zeit miteinander verbringen, wird ein klärendes Gespräch bezüglich Nähe und Distanz anstehen.

Auch Kinder aus vorangegangenen Partnerschaften stellen oft ein Problem dar. »Wieso übernimmst du schon wieder die Kinderbetreuung, warum zahlst du schon wieder die Reitstunden, du zahlst doch schon genug an Alimenten?« Selbstverständlich können Sie Ihre Bedenken äußern, aber wenn es sich um Kinder handelt, setzt oft der Verstand aus und es werden viele Dinge übernommen, obwohl sie anders vereinbart sind. Menschen in solchen Situationen erklären das oft damit, dass sie nicht möchten, dass die Kinder noch mehr leiden, die Trennung war schon schlimm genug. »Ich möchte wenigstens in der Rolle als Vater (oder Mutter) nicht versagen, wenn schon die Partnerschaft nicht funktioniert hat.«

Der Wunsch nach Kontaktabbruch zu den Kindern aus vorangegangenen Partnerschaften ist ein häufiges Thema in der Liebeskummerpraxis. Das heißt, der aktuelle Partner wünscht sich weniger oder gar keinen Kontakt zu den Kindern aus früheren Partnerschaften. Bitte hinterfragen Sie an dieser Stelle die Partnerschaft und nicht Ihren Kontakt zu Ihren Kindern!

Wenn Sie in der Position des ständigen Kritikers sind, stellen Sie sich die Frage, warum Sie mit diesem Menschen überhaupt zusammen sein möchten. Welchen Lustgewinn ziehen Sie aus der Beziehung?

Ab und zu zeigen wir unsere Liebe in der Form, dass wir zur Freude des Partners einen Film gemeinsam sehen oder zusammen ein Konzert besuchen, ohne wirklich Interesse daran zu haben. Die Vorlieben und Interessen des Partners und damit seine Andersartigkeit zu akzeptieren ist ein Zeichen von Liebe. Mit dem Zauber der Liebe ist nicht gemeint, dass ein Partner den anderen nach seinen Vorstellungen verwandelt.

Lass es sein, du kannst das nicht!

Therese, 30, Kassiererin

Therese trägt schon seit längerer Zeit den Wunsch nach beruflicher Veränderung in sich. Sie möchte daher einen Intelligenz- und Berufseignungstest machen. Sie hat die Schule abgebrochen, ist seit zehn Jahren verheiratet und hat eine neunjährige Tochter. Sie arbeitet derzeit als Kassiererin in einem Supermarkt und möchte nun gerne ihren Handelsschulabschluss machen, um sich danach um einen Bürojob bewerben zu können. Ihr Mann Simon ist aber der Meinung, dass sie das sein lassen solle, weil dieses Vorhaben zu anstrengend und schwierig für sie sei.

Sie fühlt sich unterfordert, ihre Tochter wird immer selbstständiger, und jetzt ist die Zeit gekommen, endlich mehr aus ihrem Leben zu machen. Ihr Mann habe bisher all ihre Vorhaben blockiert, aber jetzt möchte sie es wissen, sie ist fest entschlossen, die Handelsschule für Berufstätige zu besuchen. Ihr Chef hält große Stücke auf sie, er würde ihr Vorhaben auf jeden Fall unterstützen und ihr mit der Einteilung ihrer Arbeitsstunden gerne entgegenkommen.

Irgendwie hat Therese das Gefühl, dass ihr Mann sie nicht wirklich liebt. Heißt Liebe nicht, den anderen zu fördern, zu unterstützen und zu stärken?

Was ist Ihre Meinung?

Es gibt viele Gründe, warum Ihr Partner Sie nicht unterstützen möchte: Neid, Eifersucht, Konkurrenz, Angst, dass Sie weniger Zeit für ihn haben, und vieles mehr. Egal, warum er versucht, Sie zu blockieren, bleiben Sie bei Ihrem Vorhaben, wenn es Ihr großer Wunsch ist. Suchen Sie sich Menschen, die Sie unterstützen und fördern. Suchen Sie den Kompromiss mit Ihrem Partner, Ihrer Familie und Ihrem nahen Umfeld.

Demütigungen, Kränkungen und Behinderungen der eigenen Selbstverwirklichung haben nichts mit Liebe zu tun. Sie zeigen höchstens Unsicherheiten und Ängste Ihres Partners. Es kommt selten vor, dass zwei Menschen im selben Maße erfolgreich sind, dass sie gleich viel verdienen und gleich attraktiv sind. Eines ist sicher: Wenn man liebt, freut man sich über den Erfolg des geliebten Menschen. Gleichzeitig kann der Erfolg des anderen einem selber Ansporn geben, den eigenen Stellenwert heben sowie Kraft und Zuversicht für wichtige Lebensbereiche spenden.

Sexuelle Vorlieben

Zwei junge Frauen unterhalten sich miteinander. Eine erzählt von ihrer Liebe zu Max, mit dem sie seit sechs Monaten zusammen ist. Sie sei auch sehr glücklich mit ihm, aber seit etwa zwei Monaten drängt Max sie zu sexuellen Abenteuern, die ihr nicht geheuer sind. Sex ist für Max das A und O in einer Beziehung. Er möchte mindestens einmal täglich Sex, weil er doch so verliebt ist, wie er immer wieder beteuert. Sie hat aber gelegentlich den Wunsch, einfach nur zu kuscheln und zu reden.

Seit einem Monat spricht Max nur mehr darüber, mit ihr einen Swingerclub besuchen zu wollen. Er möchte damit die Beziehung zu ihr vertiefen und festigen. Die junge Frau hat Angst, Max zu verlieren, wenn sie seinem Wunsch nicht nachkommt, aber sie will einfach keinen Swingerclub besuchen.

Sie fragt ihre Freundin um Rat. Vielleicht kann sie durch das Einwilligen, in einen derartigen Club zu gehen, ihre Beziehung zu Max festigen, vielleicht würden sie sich dann noch näherkommen? Verlieren möchte sie Max auf keinen Fall.

Was denken Sie? Wird der gemeinsame Besuch des Swingerclubs die Beziehung mit Max festigen? Ist das Erfüllen sexueller Phantasien ein Schlüssel zur Liebe, auch wenn man diese sexuellen Phantasien im Grunde gar nicht erfüllen möchte?

Würden Sie persönlich sexuell über Ihren Schatten springen und Ihre eigenen Grenzen überschreiten, um Ihre Beziehung aufrechtzuerhalten? Um Ihr Gegenüber dadurch glücklicher zu machen?

Sex ist die schönste Nebensache der Welt, wie es von vielen Menschen und Medien immer wieder betont wird. Keine Frage, Sex gehört zu einer vollkommenen Partnerschaft einfach dazu. Sex verbindet und grenzt eine Partnerschaft von einer guten Freundschaft ab. Aber wenn Sie Ihre Beziehung nur über Sexualität definieren oder ausdrücken können, wird die Partnerschaft früher oder später in die Brüche gehen. Sex allein macht eine Partnerschaft nicht vollkommen.

Achten Sie auf Ihre Gefühle! Jeder darf und soll seine Wünsche und Phantasien äußern können. Aber wenn sich – gerade im sexuellen Bereich – Gefühle des Unbehagens und Ekels in Ihnen breitmachen, setzen Sie eine Grenze. Wenn Sie diese Grenze überschreiten, machen Sie vielleicht Ihren Partner glücklich, aber sich selbst werden Sie untreu. Eines vorweg: Das wird nicht das einzige Mal bleiben, dass Sie Ihre Grenze überschreiten werden. Ihr Partner wird dieses Erlebnis mit Sicherheit wiederholen oder noch andere Phantasien mit Ihnen ausleben wollen. Wenn die sexuellen Vorstellungen zu weit auseinandergehen, sieht die Prognose für eine langfristige Partnerschaft eher schlecht aus. Sorry, dass wir Ihnen das in dieser Härte mitteilen müssen.

Das Peter-Pan-Syndrom

Der amerikanische Familientherapeut Dan Kiley beschreibt in seinem populärwissenschaftlichen Buch *Das Peter-Pan-Syndrom – Männer, die nie erwachsen werden* das unangemessene und kindische Verhaltensschema von Männern, die fortwährend auf der Suche nach Nähe sind, vor dieser Nähe aber gleichzeitig Angst haben, was dann wiederum zu Fluchtreaktionen führt. Sie haben insgeheim den Wunsch, ihr gesamtes Leben ein Kind bleiben zu können, was höchstwahrscheinlich die Folge einer sehr unglücklichen und traurigen Kindheit ist.

Über die Ursachen ist bisher nicht alles bekannt, aber es wird hauptsächlich Männern zugesprochen. Es wird davon ausgegangen, dass es sich um eine gestörte Vater-Sohn-Beziehung handelt. Betroffene Männer wurden in jungen Jahren von ihrem Vater abgelehnt, nicht gefördert und haben keine Unterstützung in ihrer Identitätsentwicklung erfahren. Unbekümmertheit und Verantwortungslosigkeit sind somit das Ergebnis.

Die sechs Symptome des Peter-Pan-Syndroms nach Kiley:

1. Abneigung gegen Verantwortung: Regeln werden nicht ernst genommen und missachtet. Pflichten, Aufgaben und Erledigungen werden abgegeben oder vor sich hergeschoben. Für Misserfolge ist er nicht verantwortlich. Er hat einen Hang zu Phantasien und Tagträumereien.

2. *Einsamkeit:* Das Gefühl der Ablehnung durch seinen Vater lässt ihn ständig vergeblich Freunde suchen, aber letztendlich kompensiert er diese vergebliche Suche durch Anpassung an Kumpel-Gruppen.

3. *Angst:* Er verbirgt ein Schuldgefühl gegenüber seinen Eltern. Er verarmt emotional und wird unfähig zu tiefer Liebe für andere Menschen.

4. *Sexueller Rollenkonflikt:* Der Sexualtrieb und der Wunsch, geliebt zu werden, führen schnell zu Partnerschaften. Unsicherheit, mangelndes Selbstvertrauen, Angeberei und cooles Macho-Gehabe verhindern aber eine positive und von Offenheit geprägte Beziehung zur Partnerin.

5. *Narzissmus:* Narzissmus bzw. eine negative Selbstverliebtheit bedeuten, dass es zu keiner aufrichtigen Zuneigung und keinem echten Mitgefühl gegenüber anderen kommt. Die Beziehung ist geprägt vom Geben des Partners und vom Nehmen des Narzissten.

6. *Chauvinismus:* Allein aufgrund seines Geschlechts hat der Chauvinist ein Gefühl der Überlegenheit gegenüber Frauen, er neigt zu Selbstgefälligkeit mit überheblicher Art aufgrund eines gesteigerten Selbstwertgefühls. Angehörige des gleichen Geschlechts werden bevorzugt. Das Verhalten ist ar-

rogant und rechthaberisch, seine Einstellung ist verächtlich und sexistisch.

Sabrina, 41, Krankenschwester

»Ich bin seit fünf Jahren mit Lukas zusammen. Dreimal ist er zu mir gezogen und wieder ausgezogen, die Trennungen für Stunden, Tage oder auch Wochen dazwischen sind nicht mehr zählbar. Seine Liebesbeteuerungen sind nicht mehr zu übertreffen. Jedes Mal, wenn ich mir vornehme, das ist jetzt der letzte Neuanfang, zieht er alle Register und ich werde wieder schwach. Seine Versprechungen, pünktlich und zuverlässig zu sein, auf mich Rücksicht zu nehmen und seine Macho-Sprüche zu unterlassen, halten immer nur für kurze Zeit. Er meint, dass ich zu sorgenvoll, verkrampft und verbittert sei. Wenn mein Drängen nach Veränderung oder Paartherapie zu groß wird, beendet er die Beziehung. Kaum bin ich weg, kommen Nachrichten, dass er Sehnsucht hat und eigentlich nur mit mir zusammen sein möchte, dass ich seine Traumfrau bin und er mich unendlich liebt. Er schafft es ständig, mich mit seinen Schilderungen über eine gemeinsame, wundervolle Zukunft einzulullen, ich bin dann wie hypnotisiert. Seine Pläne und Visionen machen mich wieder schwach.

Ich weiß nicht mehr weiter, ich will endlich eine Beziehung, die funktioniert. Ich habe mit 24 Jahren geheiratet und irgendwann gemerkt, dass mein Mann ein Alkoholproblem hat, zehn Jahre später kam die Scheidung. Danach hatte ich noch zwei unglückliche Kurzgeschichten und dann kam Lukas. Charmant, spontan, lustig, immer für mich da, vielleicht sogar ein bisschen zu viel. Ständig machte er Pläne, die er dann wieder verwarf, er zog ein und wieder aus. Ich kann nicht mehr, ich bin erschöpft. Wenn er endlich verstehen würde, dass er sich ändern muss, dann könnten wir glücklich sein. Was kann ich tun, dass er mich versteht? Ich habe schon so viel Zeit und Gefühle investiert, ich will endlich die Belohnung, ich hab das verdient.«

Annemarie, 37, Physiotherapeutin
Annemarie trifft laufend Männer, die ihr erzählen, dass sie die lang ersehnte Frau, der Lotto-Sechser, die Liebe ihres Lebens sei. Das hört sie schon oft am Anfang der Beziehung. Die Taten allerdings sind dürftig. »Ich hab solche Sehnsucht nach dir«, haucht der aktuelle Herzenspartner ins Telefon, »aber im Moment geht sich ein Treffen wirklich nicht aus, aber ich denke ganz fest an dich und jeder Herzschlag gehört nur dir.« Diese oder ähnliche Sätze bekommt Annemarie zu hören oder in einer SMS oder E-Mail zu lesen. Die spärlichen Treffen sind charmant und kurz. Sie hofft und wartet, glaubt seinen Worten und verweigert die Realität, die kargen Taten. »Immer wieder lasse ich mich blenden und denke, dass ich einfach zu viel erwarte und eigentlich zufrieden sein sollte«, sagt Annemarie.

Oft treffen wir auf Menschen, die uns mit ihren rhetorischen Fähigkeiten beeindrucken und uns mit Worten fesseln. Meistens wird dann viel über die Zukunft gesprochen, über Pläne und Visionen. Aber die Umsetzung lässt zu wünschen übrig.

Achten Sie mehr darauf, was ein Mensch tut, und nicht, was er plant oder verspricht, was er gerne mit Ihnen tun würde oder was er mit Ihnen vorhat. Wenn Ihnen ein Mensch erzählt, dass er Sehnsucht nach Ihnen hat, dann sollten Sie sich fragen, warum er dann nicht bei Ihnen ist. Wenn Ihnen ein Mensch erzählt, dass er gerne mit Ihnen zusammenziehen möchte, dann sollten Sie irgendwann beginnen sich zu fragen, warum Sie immer noch getrennt wohnen.

Suchen Sie immer noch nach Entschuldigungen für sein Verhalten bzw. sein Hinhalten? »Nach dem Projekt wird er sicher mehr Zeit haben«, »seine Scheidung hat ihm wirklich zugesetzt«, »er hat so viel zu tun«, »er ist ein Spätzünder, aber er ist auf dem Weg zu mir«. Kommen Ihnen solche Aussagen bekannt vor? Bitte vergessen Sie diese Erklärungen! Ein Mensch, der nach Ihnen Sehnsucht hat, wird die Zeit und den Weg zu Ihnen finden. Ein Mensch, der mit Ihnen leben möchte, tut es. Ein Mensch, der Sie heiraten möchte, tut es. Wahrhaftige Liebe bringt uns alle über die schlimmste Trennung oder Scheidung hinweg. Hören Sie auf, Erklärungen zu finden, für die es nur eine Antwort gibt. Dieser Mensch spricht nur über eine Beziehung, ohne sich wirklich darauf einzulassen. Bringen Sie für sich selbst Verständnis und Mitgefühl auf, stellen Sie diesen Menschen zur Rede oder gehen Sie.

Viele Männer geben vor, die Zukunft mit Ihnen gemeinsam verbringen zu wollen, um in der Gegenwart auf ihre Kosten zu kommen. Und dabei muss es sich nicht immer nur um Sex handeln, oft geht es auch um Bequemlichkeit, Sicherheit und Status.

»Sie ist mein größter Besitz«, sagen solche Männer in vielen Fällen. Achtung, liebe Frauen, bei solchen Äußerungen handelt es sich nicht um Liebe. Achten Sie auf Ihr Gefühl und ziehen Sie in Erwägung, dass Sie es vielleicht mit einem Peter Pan zu tun haben.

Es ist unwesentlich, was Ihnen ein Mensch erzählt, konzentrieren Sie sich darauf, was ein Mensch tut. Liebe lebt nicht nur von Worten, sondern in erster Linie von Taten. »Liebe tut man!«

Kennen Sie Männer, die einerseits die Verliebtheitsphase genießen, sich eine tragfähige Beziehung wünschen, und andererseits die Entwicklung einer tragfähigen Partnerschaft mit all ihren Höhen und Tiefen verhindern? Was müsste passieren, dass die aktuelle Verliebtheit in tiefe Liebe umschlägt und eine tragfähige Beziehung aufgebaut werden kann? Lukas sucht die perfekte Frau, obwohl das Menschsein Perfektion ausschließt. Alle Menschen machen Fehler, was völlig in Ordnung ist. Nur sollten wir aus Fehlern lernen, damit wir uns weiterentwickeln können. Oft genug werden richtige Verhaltensweisen ignoriert, das Fehlverhalten aber eingeübt, weil es keine negativen Konsequenzen gab. Wir alle haben Stärken und Schwächen. Zeugt es aber nicht von Stärke, wenn Schwächen zugelassen werden können? Lukas dürfte auch keine Angst davor haben, seiner zukünftigen Partnerin zu sagen, was er wirklich fühlt, was er sich wünscht und braucht. Ein wichtiger Faktor in einer Beziehung ist die Regulierung von Nähe und Distanz, denn jeder Mensch hat andere Ansichten und Ansprüche, sowohl was Nähe als auch Distanz betrifft. Lukas liebt auch das Gefühl von Sehnsucht, was er aber nicht ausleben kann, wenn die Partnerin immerfort bei ihm ist. Vielleicht mag er deshalb den Beginn einer Beziehung so sehr, weil es da noch das Gefühl der Sehnsucht gibt.

Kommt Ihnen das bekannt vor? Er drückt sich vor Verantwortung und schiebt seine Aufgaben ständig vor sich her. Er widmet sich hauptsächlich den amüsanten Dingen des Lebens, weil für ihn Spaß und Freude am Leben das Wichtigste sind. Das ganze Leben sieht er als große Party oder zumindest seine Freizeit. Wenn ihm etwas nicht gelingt, sucht er die Schuld niemals bei sich selbst, sondern bei Ihnen oder jemand anderem aus seinem Umfeld. Zu tiefer Liebe Ihnen gegenüber ist er nicht in der Lage. Meist versucht er, seine Unsicherheit durch Macho-Gehabe zu kompensieren. Aufgrund seiner blühenden Phantasie entwickelt er häufig Tagträume. Echte Freunde hat er wahrscheinlich nicht, bestenfalls irgendwelche Bekannte, bei denen er Halt sucht. Sein Selbstvertrauen ist bescheiden ausgeprägt, was er aber gut überspielen kann.

Jemand, der unter dem Peter-Pan-Syndrom leidet, will auf jeden Fall geliebt werden und findet meist Frauen, die überfürsorglich und sehr nachgiebig sind. Diese Frauen sind meist auf Harmonie bedacht, weil sie große Angst vor einer Trennung haben. Die typische Partnerin von einem Peter-Pan-Mann will im Grunde gar nicht, dass ihr kindlicher und wenig selbstsicherer Mann seine Selbstständigkeit findet, denn von diesem Zeitpunkt an würde er sie doch nicht mehr benötigen, er könnte sie verlassen. Wenn es Ihnen nichts ausmacht, bleiben Sie mit Ihrem Partner, der Kind geblieben ist, zusammen oder suchen sich ein ähnliches Exemplar, das Sie bemuttern und versorgen können, ohne dass Sie Vergleichbares von ihm zurückbekommen. Wundern Sie sich aber nicht, wenn Sie sich ständig in einer Mutter-Rolle befinden.

Wurden Sie von einem Peter-Pan-Mann verlassen, sind Sie nicht wirklich zu bedauern, denn Sie haben keinen Mann, sondern einen Tagträumer verloren, mit dem eine gemeinsame Zukunft kaum befriedigend sein wird, da er nicht vorhat, jemals erwachsen zu werden. Aufgrund seiner mangelnden Selbstsicherheit benötigt er stets Anerkennung von außen, wie es unsere beiden Fallbeispiele zeigen. Ein Peter-Pan-Mann bricht Ihnen das Herz, weil er nicht erwachsen wird. Die Wahrscheinlichkeit ist gering, dass er mit Ihnen eine gemeinsame Zukunft in die Tat umsetzt, wenn doch, wird es nicht erfüllend für Sie sein, denn sein Lebensmotto lautet: »forever young«. Charme und schöne Augen allein reichen gewiss nicht, wenn Sie Kinder großziehen und gemeinsam alt werden wollen. Kindlichkeit, Unbekümmertheit und Unzuverlässigkeit eines Partners werden Sie eines Tages unsanft aus Ihren Träumen reißen. Ein Peter-Pan-Mann ist auf sein eigenes Wohl und nicht auf Ihr Wohl bedacht.

Rache ist süß

Rachegedanken entstehen in erster Linie durch ungerechte Behandlung, Verletzung oder Kränkung. Rache dient dazu, Vergeltung an einer anderen Person zu üben, die uns einen seelischen Schaden zugefügt hat. Möglicherweise wurden wir verletzt, betrogen oder verlassen. Wir sind verzweifelt und fühlen uns innerlich leer. Unser Selbstwert und unser Sicherheitsgefühl sind ins Schwanken geraten, und wir fürchten uns davor, die Zukunft alleine verbringen zu müssen. Wir haben unserem Partner vertraut, er hat unser Vertrauen missbraucht, unser Glaube an eine gerechte Welt ging verloren. Deshalb hegen wir Rachepläne gegenüber unserem Ex-Partner, wollen Gerechtigkeit herstellen und wieder Respekt vor uns selbst haben. Je geringer unser Selbstwertgefühl und je stärker unser Gerechtigkeitssinn ausgeprägt sind, desto größer ist unser Bedürfnis nach Rache. Wir wollen ihm einen Denkzettel verpassen.

Was die eine Person kaum berührt, kann für eine andere eine zerstörerische, traumatische Erfahrung bedeuten. Manche Personen verlieren nach einer Trennung vom Partner völlig die Fassung. Haben Sie selbst nicht schon einmal mit dem Gedanken gespielt, sich an einem Menschen zu rächen, weil dieser Sie ungerecht behandelt hat? Wahrscheinlich haben Sie im letzten Moment doch noch auf eine Rachehandlung verzichtet, weil Ihnen die Konsequenzen und die Sinnlosigkeit klar geworden sind. Vielleicht haben Sie wirklich gerade aus diesem Grund darauf verzichtet und nicht auf die gleiche primitive Art Gleiches mit Gleichem vergolten.

Wenn aus Gedanken Taten werden

Beinahe täglich berichten verschiedenste Medien, dass es aufgrund von Kummer mit der Liebe zu Rachegedanken und im Extremfall zu Rachehandlungen, Mordversuchen und Suizid gekommen ist. Lesen wir einige Beispiele dazu.

- Ein junger Mann steckt aufgrund von Liebeskummer das Auto seiner Ex-Partnerin in Brand, wobei ein enormer Sachschaden entsteht. Er wird zu zwei Jahren Haft auf Bewährung verurteilt.

- Ein anderes Ergebnis eines Eifersuchtsdramas ist ein Bombenalarm, der zur Notlandung einer Passagiermaschine im Norden Europas führte. Ein Mann stand im Verdacht, ein Terrorist zu sein, und wurde kurzerhand am Flughafen festgenommen. In Wahrheit wollte er ins Ausland fliegen, um dort eine andere Frau zu heiraten. Seine eifersüchtige Ex-Freundin versuchte, diese Hochzeit zu verhindern und löste deshalb falschen Alarm aus. Da die Polizei trotz intensiver Suche keinen Sprengstoff fand, wurde der als Terrorist geltende Mann wieder freigelassen, flog weg und heiratete seine neue Freundin.

- Eine enttäuschte Frau wiederum zeigte ihren Ex-Partner bei der Polizei an und behauptete, dass sie von ihm vergewaltigt und zur Prostitution gezwungen worden sei. Nach umfangreichen Ermittlungen stellte sich aber heraus, dass die junge Frau lediglich Rachegedanken hegte und sich an ihrem Ex-Partner rächen wollte, weil er die Beziehung beendet hatte. Ihre Anschuldigungen waren schlichtweg erfunden. Dafür erhielt die rachsüchtige Dame eine Haftstrafe wegen Verleumdung.

- An einem Weihnachtsabend rastete ein junger Mann vor lauter Eifersucht völlig aus. Er lauerte seiner Ex-Freundin vor dem Haus ihres neuen Freundes auf und wollte sie mit Gewalt in sein Auto zerren. Als sich die Frau weigerte, schlug er ihr mit einem Schraubenschlüssel mehrmals auf Kopf und Nacken. Das Opfer konnte zwar aus dem Wagen flüchten, wurde von dem Tobenden aber verfolgt und erneut geschlagen, selbst als es bereits am Boden lag. Die junge Frau wurde mit schweren Verletzungen in ein Krankenhaus gebracht.

- Ein älterer Mann schoss aus Eifersucht seiner Ehefrau eine Kugel in die Brust, denn er konnte sich ein Weiterleben ohne sie nicht vorstellen. »Wenn ich sie nicht haben kann, soll sie lieber tot sein, bevor sie mit einem anderen Mann ihr Leben verbringt.«

Rache und psychische Probleme

Es ist nicht verwunderlich, dass es einen Zusammenhang zwischen übermäßigen Rachegefühlen und psychischen Störungen gibt, und in keinem der beschriebenen Fälle hat der Rächer einen Vorteil für sich daraus ziehen können, und schon gar nicht »Gerechtigkeit«.

Rache in der Phantasie ist jedenfalls erlaubt, wird sogar empfohlen und kann bei der Bewältigung von Konflikten durchaus hilfreich sein. Das heißt, Rachegefühle können mitunter kurzfristige Erleichterung verschaffen, Rachehandlungen sind aber generell negativ. Mithilfe von Rachehandlungen wollen wir zwar unseren angeknacksten Selbstwert wiederherstellen, aber Rache schafft nur neues Unrecht. Wenn wir uns an jemandem rächen, dann besteht außerdem die Gefahr, dass der andere die Botschaft hinter unserem Racheakt nicht versteht, sich von uns bedroht fühlt und noch heftiger zurückschlägt. Es entsteht ein Teufelskreis, ein sogenannter Rachezirkel. Sehr schnell kommt man auch mit dem Gesetz in Konflikt.

Nach Jürgen Maes gibt es in den meisten Fällen vier zentrale Ursachen, die zu Rachegefühlen führen:

- der Wunsch nach Wiederherstellung des Selbstwertes
- der Wunsch nach Wiederherstellung von Sicherheit

- ♥ der Wunsch nach Wiederherstellung von Gerechtigkeit
- ♥ Ungerechtigkeitsempfinden

Statt sich an Ihrem Ex-Partner zu rächen und ihn in eine unangenehme Situation zu bringen, gibt es folgende konstruk-
tivere Mittel oder Lösungen:

- ♥ direkt um Klärung bitten und seine Enttäuschung äußern
- ♥ frühzeitig über seelische Verletzungen und Kränkungen sprechen
- ♥ einen Brief schreiben – muss nicht abgeschickt werden
- ♥ einen leeren Stuhl vor sich aufstellen, sich vorstellen,
  dass der Ex-Partner gegenübersitzt, und ihm die Meinung sagen
- ♥ sich in Gedanken ausmalen, wie man sich an ihm rächt
- ♥ durch körperliche Betätigung Wut abbauen
- ♥ das eigene Selbstwertgefühl stärken
- ♥ die Situation humorvoll betrachten

Was können Sie tun, wenn Sie persönlich eine schmerzhafte
Ungerechtigkeit erfahren haben und mit dem Gedanken
spielen, Ihrem Ex-Partner durch einen Racheakt zu schaden?
Sie könnten sich folgende Fragen stellen:

- ♥ Lebt es sich wirklich so gut mit der Vorstellung, jemand
  zu sein, der selbst grausam gehandelt hat, der es »nötig
  hatte«, auf diese Art zurückzuschlagen?
- ♥ Ist die persönliche Welt danach tatsächlich wieder sicherer und kontrollierbarer?

- Oder wäre es nicht bequemer, angenehmer und dem Selbstwert dienlicher, sich als jemanden zu sehen, der »das« souverän und gelassen wegstecken kann, der es eben nicht nötig hat, Gleiches mit Gleichem zu vergelten und genauso »primitiv« zu handeln wie der Gegner?
- Ist das Ergebnis denn jetzt wirklich gerecht? Oder wurde eventuell ein bisschen zu viel oder zu wenig zurückgeschlagen?
- Wie kann ich zweifelsfrei wissen, ob ein Ergebnis gerecht ist? Was ist gerecht?

Die nächsten Fragen von Stuckless und Goranson (1992) sind ein anerkanntes Instrument, um Ihre Racheneigung zu erfassen. Wenn Sie die zehn folgenden Aussagen für sich bestätigen können, ist Ihre Racheneigung extrem hoch:

- Es ist wichtig für mich, mich an Leuten zu rächen, die mich verletzt haben.
- Egal wer mich verletzt, ich stelle das richtige Verhältnis wieder her.
- Es ist nichts Falsches daran, es jemandem heimzuzahlen, der einem etwas angetan hat.
- Ich werde nicht nur böse, ich zahle es auch heim.
- Ich handle nach der Devise: Auge um Auge, Zahn um Zahn.
- Wenn mich einer in Schwierigkeiten bringt, sorge ich dafür, dass er das bereut.
- Wenn mich jemand ungerecht behandelt, kann ich nicht in Ruhe leben, bis ich Rache geübt habe.

- Die Ehre erfordert es, es jemandem heimzuzahlen, der mich verletzt hat.
- Wenn mich einer provoziert, verdient er auch die Bestrafung, die ich ihm zuteilwerden lasse.
- Rache ist süß.

Wenn die zehn folgenden Aussagen auf Sie zutreffen, ist Ihre Racheneigung äußerst gering:

- Es ist die Zeit und den Aufwand nicht wert, es jemandem heimzuzahlen, der mich ungerecht behandelt hat.
- Es ist immer besser, auf Rache zu verzichten.
- Ich handle nach dem Motto: Lass Vergangenes vergangen sein.
- Ich finde es einfach, denen zu vergeben, die mich verletzt haben.
- Ich bin keine besonders rachedurstige Person.
- Rache ist moralisch gesehen falsch.
- Leute, die immer auf Rache bestehen, sind abstoßend.
- Normalerweise ist es besser, gnädig zu sein, als Rache zu üben.
- Es ist immer besser, die andere Wange hinzuhalten.
- Ich würde mich selbst schämen, wenn ich ein Bedürfnis nach Rache spüren würde.

Ausweg aus den Rachegedanken

Rache ist ein »Nicht-Eingeständnis« von Trauer und führt häufig nach einer ungewollten Trennung oder wegen einer Verletzung durch einen geliebten Menschen zu demütigenden und/oder vernichtenden Verhaltensweisen. Durch diese emotionale Verhärtung kommt es nicht nur zu einer Vergiftung des Empfängers der Rache, sondern auch zu einer Vergiftung von sich selbst. Dadurch wird jede Form von Klärungs- oder Versöhnungspotenzial zerstört.

Wird Ihre Lebensqualität massiv durch Rachegedanken oder Rachehandlungen beeinträchtigt, empfehlen wir professionelle Unterstützung durch einen Psychotherapeuten.

»Rache ist Eingeständnis des Schmerzes.«

SENECA

Nehmen Sie Ihren Schmerz ernst und wahr. Versorgen Sie Ihre Wunde. Werden Sie zum Lebenskünstler. Nehmen Sie sich jemanden zum Vorbild, der ein glückliches und zufriedenes Leben führt. Glückliche und zufriedene Menschen können zwar gelegentlich auch Rachegedanken hegen, aber sie belassen es dabei. Sie können sich über einen Gegner in Gedanken lustig machen und damit etwas für Ihre Seelenhygiene tun. Um über eine Kränkung hinwegzukommen, ist die Rache in der Phantasie sehr hilfreich. Wir Menschen sind in der Lage, Racheaktionen geistig durchzuspielen, und können auf diese Art Rachegelüste deutlich reduzieren, denn Rache tatsächlich auszuüben, ist eine feige Form der Trauer.

Die beste Form der Rache ist für uns zufrieden, erfolgreich und glücklich zu sein.

Ungewolltes Single-Dasein

Ein häufiges Thema in der Liebeskummerpraxis stellt das Thema Single-Dasein dar. Einsamkeit, Torschlusspanik, Kinderwunsch, Jungfräulichkeit (auch im reiferen Alter), Partnersuche und Partnerbörsen sind häufig besprochene Themen.

Unaufgearbeitete Beziehungen und mangelnde Selbstliebe gehen oft Hand in Hand mit dem ungewollten Single-Status. Die Fragen: »Mögen Sie sich?« oder »Finden Sie sich attraktiv?«, werden dann negativ beantwortet. Sich selbst zu mögen und einen liebevollen Blick auf sich selbst zu haben ist jedoch die Voraussetzung für eine tragfähige Partnerschaft.

Bevor Sie sich bei einer Partnerbörse anmelden, setzen Sie sich mit sich selbst auseinander. Kommen Sie in eine gute Stimmung. Verzweiflung und Bedürftigkeit sind keine guten Begleiter in der Welt der Partnerbörsen. Sie brauchen ein dickes Fell, wenn Sie auf Ablehnung und Ghosting stoßen. »Anklicken – Foto freischalten – Wegklicken« ist ein sehr häufiges Phänomen in der virtuellen Welt. Die Verrohung schlägt um sich. Gerade noch im Gespräch, schon löst sich der Gesprächspartner wieder in Luft auf. Arbeiten Sie Ihre Defizite auf, schließen Sie unerledigte Geschichten ab, versöhnen Sie sich mit sich selbst, stärken Sie Ihre Selbstliebe und die Beziehung mit sich selbst. Wie das geht, lesen Sie in Kapitel 5.

Negative Auswirkungen auf Körper, Geist und Seele

Die Liebe ist ein sehr intensives Gefühl, der Liebeskummer dagegen ist noch viel heftiger und länger andauernd. Sowohl das Gefühl der Liebe als auch das des Liebeskummers wirken sich auf unser körperliches, seelisches und auch geistiges Wohlbefinden sehr massiv aus. Es gibt demzufolge eine Wechselwirkung zwischen der Seele und dem Körper.

Auch wenn der Kummer mit der Liebe oft nicht ernst genommen, verharmlost oder belächelt wird, bedeutet er – ähnlich wie bei Trauer und Tod – eine extreme Stresssituation für Körper, Geist und Seele und kann fatale Auswirkungen zur Folge haben. Folgende Symptome können auftreten, wenn auch nicht bei jedem Menschen und nicht immer in gleicher Intensität:

- Berufs- und Alltagspflichten werden möglicherweise vernachlässigt oder können nicht oder nur schwer bewältigt werden.
- Häufig werden soziale Kontakte gemieden oder eingestellt – was zu einer Isolationssituation führen kann.
- Lustlosigkeit in allen Lebensbereichen kann auftreten.
- Psychosomatische Störungen (z. B. Magen- und Darmbeschwerden, Kopfschmerzen, Herz-Kreislauf-Probleme etc.) sind möglich.
- Schlaflosigkeit, Appetitlosigkeit, Essattacken, Depressionen, Konzentrationsschwierigkeiten etc. können auftreten.
- Häufig werden Entzugssymptome beschrieben.

- Es kann zu Alkohol-, Medikamenten- oder Drogenmissbrauch kommen.
- Zukunftsängste, Pessimismus, Rachegedanken und eine breite Palette von anderen Gefühlen (z. B. Trauer, Wut, Hass) können in den Vordergrund treten.
- Es kann zu suizidalen Gedanken oder Handlungen kommen: Diese Menschen brauchen unbedingt professionelle Hilfe!

Bei manchen Menschen, die sich im Liebeskummer-Schmerz befinden, steht das rationale Denken und Handeln in krassem Widerspruch zu ihrer emotionalen Befindlichkeit, was zu einer sehr spannungsgeladenen Psychodynamik führen kann. Das heißt, Verstand und Herz konkurrieren miteinander.

»Ja, mein Verstand weiß es genau, ich muss mich trennen, aber mein Herz schreit bei dieser Vorstellung – ich liebe ihn doch so sehr, aber es reicht! Seine ständige Unzuverlässigkeit und Arbeitswut sind genug – ich gehe«, sagt Sissi zu ihrer Freundin Rita. Zwei Wochen später erzählt Sissi ihrer Freundin, dass sie sich zum wiederholten Male mit ihrem unzuverlässigen und arbeitswütigen Freund versöhnt habe: »Er war derart lieb zu mir. Wir haben uns ausgesprochen, obwohl ich genau weiß, dass es aussichtslos ist!«

»Ich trenne mich jetzt von Angelika, es reicht mir endgültig. Unzählige Male habe ich ihr aus der Patsche geholfen. Viel zu lange habe ich ihre Launen ertragen«, erzählt Markus seinem besten Freund Christoph. Ein paar Tage später findet sich Markus mit Angelika wieder in inniger Umarmung auf seiner Couch, begleitet von hoffnungsvollen Gedanken an eine Zukunft mit ihr. Über sich selbst aber ärgert er sich.

Corina ist seit drei Jahren mit Arthur zusammen. Er ist Immobilienmakler und Alkoholiker. Arthur sucht Erleichterung bei Corina, indem er sie für sein Leid verantwortlich macht. Geringschätzende Äußerungen stehen an der Tagesordnung. Corina leidet und erleichtert ihre Seelenqualen bei ihren Freundinnen. Ungefiltert und tagtäglich klagt sie ihr Beziehungsleid. »Ich werde ihn verlassen, er macht keine Therapie, die er mir versprochen hat, es ist sinnlos.« Unzählige Male verspricht sie ihren Freundinnen, diese Beziehung zu beenden. Aber Arthur macht es sich zum wiederholten Male auf ihrer Couch bequem. Das Drama setzt sich fort, und das Unverständnis der Umwelt nimmt zu, ebenso das Gefühl von Zerrissenheit in Corina selbst.

Sollten Sie sich in solch einer Situation befinden, holen Sie sich professionelle Unterstützung.

Sollten Sie Freunde oder Freundinnen haben, die sich in einer solchen Situation befinden, seien Sie nachsichtig und verurteilen Sie diese nicht. Es ist für die betroffene Person quälend genug. Gleichzeitig ist der Leidensdruck, etwas zu ändern, noch nicht ausreichend. Haben Sie alle Ratschläge, Empfehlungen und Vorschläge mehrmals gemacht, dann steigen Sie nicht mehr in das Leidenskarussel ein, sondern begeben Sie sich eher in die Position des »Wackeldackels« und hören Sie zu.

Mangelndes Verständnis belastet

Menschen, die Sie ständig hinhalten, die sich nicht einlassen wollen oder können, die sich Ihnen immer wieder entziehen, Versprechungen machen, ohne sie einzuhalten, werden Ihnen in den meisten Fällen langfristig eher den Schlaf rauben als Sie in den Schlaf streicheln und ein beständiger Partner werden.

Auch »On-off-Beziehungen« sind für alle Beteiligten irgendwann unerträglich. Das eigene Handeln ist daher oft schwer zu verstehen. »Ich kenne mich nicht wieder, was hat dieser Mensch aus mir gemacht, wie konnte es so weit kommen?« Fragen über Fragen von Betroffenen, die immer und immer wieder gestellt und nicht beantwortet werden können. Aber auch für Außenstehende sind solche Situationen oft schwer bis gar nicht verständlich oder begreiflich.

»Bitte, wer hat mich in dieses emotionale ›Drama-Karussell‹ gesetzt, alles dreht sich, ich verliere mich, komme überhaupt nicht mehr zur Ruhe«, sagt eine Klientin in einer Beratungsstunde.

In den meisten Fällen reagieren wir auf Kummer mit Rückzug. Wie ein verletztes Tier suchen wir einen geschützten Ort, um unsere Wunden zu lecken. Der Kummer mit der Liebe nagt an unserem Selbstwertgefühl, lässt uns dünnhäutig werden, raubt uns Schlaf und Appetit. Der Rückzug kann sich klar im Sozialverhalten zeigen, indem Termine (privat oder beruflich) auf ein Minimum reduziert werden. Aber auch der innerliche Rückzug in Form von weniger Anteilnahme und Niedergeschlagenheit kann sehr belastend für den Betroffenen sein.

Die körperlichen, geistigen und seelischen Auswirkungen sind unterschiedlich. Kummer mit der Liebe bedeutet für uns Stress und Belastung. Unser Körper spricht zu uns. Wir wissen bereits, dass eine Erkältung nicht ausgelöst wird, weil uns kalt war oder weil wir mit nassen Haaren am Balkon gestanden sind. Bei einer Erkältung handelt es sich um eine Infektionskrankheit, die durch Tröpfcheninfektion über Mund und Atemwege oder über Berührung übertragen wird. Ebenso verhält es sich bei Magengeschwüren, die von einem Bakterium namens Helicobacter pylori ausgelöst werden. Ein geschwächtes Immunsystem ermöglicht somit günstige Bedingungen für eine Erkrankung.

Es ist bekannt, dass sich Stress negativ auf unser Immunsystem auswirkt, ebenso stellt der Kummer mit der Liebe eine eindeutige Belastungssituation dar. Auch negative Gedanken bedeuten Stress und schwächen Körper, Geist und Seele.

Vielleicht kennen Sie Menschen, die seit geraumer Zeit ihre Schmerzen mit sich tragen, einen aufwändigen Ärztemarathon hinter sich und dennoch keine anerkennenswerte Diagnose bekommen haben. Vielleicht haben Sie selbst auch Ähnliches erfahren? »Mit Ihrem Magen-Darm-Trakt ist alles in Ordnung!«, sagt der Arzt zu seiner Patientin, während er den Befund liest. »Wo kommen dann meine quälenden Magenschmerzen und ständigen Verdauungsprobleme her?«, fragt sie.

Molly, 43, Sachbearbeiterin
Molly arbeitet als Sachbearbeiterin in einem kleinen Unternehmen. Kurz nach ihrem 16. Hochzeitstag erfährt sie von einer Affäre ihres Mannes. Ihr Leidensweg beginnt. Die Scheidung folgt ein Jahr später.

Molly schildert ihren Kampf folgendermaßen: »Als ich von der Affäre meines Mannes erfahren habe, brach eine Welt für mich zusammen. Ich hätte früher meine Hand für ihn ins Feuer gelegt. Die ersten Tage war ich wie in Watte gepackt, ich dachte, ich werde verrückt, aber ich musste mich schon wegen meiner 13-jährigen Tochter zusammenreißen. Zu Beginn kämpfte ich um meinen Mann, wir diskutierten nächtelang, ich schleppte mich erschöpft zur Arbeit. Konnte kaum essen, schlafen, mich konzentrieren. Alles verlor seine Sinnhaftigkeit. Wir wollten doch bis in alle Ewigkeit zusammenbleiben. ›Es tut mir leid, aber ich liebe dich nicht mehr‹, sagte er. Ich konnte es nicht hören, wollte es aber verstehen und bohrte weiter. ›Wo ist die Liebe hin?‹, fragte ich ihn immer wieder. Er wusste keine Antwort.

Zu meinen seelischen Schmerzen gesellten sich darüber hinaus noch körperliche. Krankenstandstage sowie Arztbesuche häuften sich. Kopf- und Magenschmerzen wurden mit Schmerzmitteln behandelt. Meine Nacken- und Rückenschmerzen erfuhren eine physiotherapeutische Behandlung. Gegen meine Schlafstörungen und die Antriebslosigkeit erhielt ich sanfte Kombipräparate.

Ich wagte es kaum, meinem Arzt ins Gesicht zu sehen, teilte ihm aber dennoch artig mit, dass es mir bereits viel besser ginge. Wir wussten beide, dass es nicht der Wahrheit entsprach. Ein halbes Jahr war vergangen, und mein Arzt schlug mir einen dreiwöchigen Kuraufenthalt vor. Ich stimmte zu – drei Wochen nur für mich, keine Pflichten, keine Arbeit, kein Kind. Endlich eine Pause! Beim Kurarzt angekommen legte ich all meine Befunde sowie meine Medikamentenliste vor. Der Kurarzt hob verwundert eine Augenbraue und fragte mich: ›Haben Sie einmal professionelle psychologische Unterstützung in Betracht gezogen?‹ Ich wurde verlegen. Ich halte mich zwar insgesamt für eher aufgeschlossen, aber was soll ich beim Psychologen, wie kann der mir helfen, ich habe Schmerzen. Mein Kurarzt erklärte mir sehr verständnisvoll, wie seelische Schmerzen auf der körperlichen Ebene ihren Ausdruck finden können. Ich hörte interessiert zu und erzählte danach zum ersten Mal jemandem, dass mein eigentlicher Leidensweg mit dem Ende meiner Ehe begann.

Ich vereinbarte mit der Psychologin vor Ort einen Termin und freute mich gewissermaßen auf dieses Gespräch – ich war gespannt darauf. Die Stunde mit der Psychologin empfand ich als sehr erleichternd. Es war wohltuend wie Balsam, sich endlich einmal all den Schmerz von der Seele reden zu können und meine Gedanken und Gefühle zu ordnen. Schuldfragen wurden aufgelöst, Selbstzweifel angesprochen. Nach dieser Stunde ging ich fast schmerzfrei aus dem Raum. Mich begleiteten eine riesige Portion Hoffnung, Mut und Zuversicht.

Natürlich gab es viele Rückschläge, es gab auch Tränen und eine Menge Verzweiflung. Nach meiner Rückkehr habe ich eine Therapeutin vor Ort gesucht, um mit ihrer Hilfe meinen negativen Zustand zu bewältigen. Jetzt, eineinhalb Jahre später, kann ich wieder ein- und durchschlafen, essen und mein Leben hervorragend bewältigen. Ich benötige keine Medikamente mehr. Ich achte sehr auf mich, habe mich in einen Tanzkurs eingeschrieben und gehe wieder regelmäßig wandern. Auf einen neuen Mann möchte ich mich noch nicht einlassen, aber ich bin zuversichtlich und sehr neugierig, was die Zukunft für mich parat hält.«

Wenn Sie körperliche Schmerzen haben, gehen Sie zum Arzt, erzählen Sie aber, was passiert ist. Ein einfühlsamer Arzt wird Ihren Schmerz ernst nehmen, wenn Sie es selbst auch tun. Versorgen Sie sich gut, nehmen Sie sich Zeit für diese Lebensphase. Auch wenn Sie jetzt von allen möglichen Gefühlen überrollt werden, lassen Sie diese zu, aber lassen Sie sich selbst nicht wegschwemmen. Holen Sie sich Unterstützung, lassen Sie sich trösten und trösten Sie sich selbst.

Enttäuschungen gehören zum Leben. Durch diese wachsen wir und entwickeln uns weiter. Hadern Sie nicht mit Ihrer Vergangenheit und Ihren Entscheidungen. Schließen Sie die Liebe nicht gänzlich aus Ihrem Leben aus, lassen Sie sie nur eine Zeit lang ruhen.

♥
♥ Du kämpfst darum, etwas ungeschehen zu machen, was in der
♥ Vergangenheit liegt – kämpfe dafür, das Heute lebenswerter zu machen!

Um zu überprüfen, in welchem Ausmaß sich Ihr Leben aufgrund von Liebeskummer verändert hat, machen Sie folgenden Selbsttest.

Haben sich Ihre Ess- und Trinkgewohnheiten verändert bezüglich ...

- Häufigkeit, Menge und Qualität der Mahlzeiten?
- Geschmacksintensität (alles schmeckt gleich)?
- Konsum von Alkohol, Kaffee oder Energy-Drinks?
- Trinken von weniger Wasser, Säften und Tees?

Neigen Sie verstärkt zum Konsum von ...

- Tabak?
- Medikamenten (Schlafmittel, Beruhigungsmittel ...)?
- illegalen Drogen?

Hat sich Ihr Schlafverhalten verändert?

- Einschlafprobleme?
- Durchschlafprobleme?
- Morgendliches frühes Erwachen?
- Albträume oder unangenehme Träume?

Leiden Sie unter Konzentrationsschwierigkeiten?

Haben Sie Schmerzen? Wenn ja, welche und in welchen Körperbereichen? Gibt es organische Befunde?

Fühlen Sie sich ...

- hoffnungslos?
- energielos?
- lustlos?
- antriebslos?

♥ planlos?

♥ teilnahmslos?

Haben Sie Ihre gewohnten Aktivitäten verändert oder gar aufgegeben?

....

Ernährung

Ihr Körper braucht Nahrung! Zu wenig, zu viel oder falsche Ernährung führt zu Mangelerscheinungen, unerwünschtem Gewichtsverlust oder -zunahme. Völle- oder Hungergefühle können unsere Konzentration beeinträchtigen, Müdigkeit und Trägheit mit sich bringen. Zu viel Kaffee oder aufputschende Getränke bringen vielleicht einen kurzfristigen Energieschub und ein Gefühl der Erleichterung und Entspannung, aber langfristig richten die darin enthaltenen Substanzen mehr Schaden als Nutzen an. Dehydrierung bzw. Flüssigkeitsmangel führt zu Müdigkeit, Schlafstörungen, Konzentrationsschwierigkeiten, Aufmerksamkeitsstörungen oder Kopfschmerzen und verursacht letztendlich organische Schäden.

Medikamente, Tabak, Alkohol und (illegale) Drogen

Medikamente, die nach Rücksprache mit einem Facharzt eingenommen werden, können eine notwendige Begleitung in einer belastenden Lebenssituation sein.

Medikamente, die missbräuchlich verwendet werden, Tabak, Alkohol und (illegale) Drogen haben noch mehr Nebenwirkungen und führen langfristig ebenfalls zu gesundheitlichen Schäden, abgesehen davon, dass sie ein Suchtproblem mit sich bringen können.

Schlafgewohnheiten

Wenn Sie unter Schlafschwierigkeiten leiden, achten Sie auch auf Ihr Essverhalten. Wenn Sie spät und reichlich essen oder hungrig schlafen gehen, behindern Sie einen gesunden Schlafrhythmus. Bemühen Sie sich, ein paar Stunden, bevor Sie schlafen gehen, nichts mehr zu essen. Trinken Sie keine aufputschenden Getränke. Trinken Sie Kräutertees oder Wasser. Gehen Sie wenn möglich spazieren oder setzen Sie sich eine Weile an die frische Luft. Lüften und verdunkeln Sie Ihren Schlafraum. Verbannen Sie Ihr TV-Gerät aus dem Schlafzimmer. Lesen Sie ein entspannendes Buch, das Sie vielleicht sogar zum Lachen bringen kann. Nehmen Sie Ihre Gedanken zu Hilfe: »Ich schlafe in zehn Minuten ein und schlafe tief und fest bis morgens um sieben Uhr.« »Meine Atmung fließt ruhig und gleichmäßig, mein Herz schlägt ruhig und kräftig. Ich bin ruhig und entspannt.« Üben Sie diese oder ähnliche positive Sätze, machen Sie diese zu Ihrer Haltung, verinnerlichen Sie diese Sätze, ohne zu verkrampfen.

Denken Sie an einen schönen Moment des heutigen Tages, vielleicht eine nette Begegnung, aufmunternde Worte, ein Lob, ein Lächeln, welches Sie flüchtig aufgefangen haben. Vielleicht haben Sie auch etwas Gutes gegessen oder ein lustiges Erlebnis gehabt. Sammeln Sie positive Momente in Ihrem Leben. Lenken Sie Ihre Aufmerksamkeit auf angenehme, wohltuende Momente, Begegnungen und Aktivitäten.

Mangel an Konzentration und Aufmerksamkeit, Änderung in Aktivitäten

Unausgewogene Ernährung, mangelnder Schlaf und schädigende Substanzen sind wesentliche Einflussfaktoren auf Konzentrationsfähigkeit und Aufmerksamkeit.

Auch unsere Gedanken können sich negativ auswirken. Wenn Zuversicht und Hoffnung vollkommen verloren gingen und Ihre Gedanken und Gefühle nur noch voll von Traurigkeit, Wut und Zweifel sind und Sie sich mit unendlich vielen Fragen quälen, suchen Sie Entlastung. Auch wenn Sie energie-, lust- und planlos sind und Aktivitäten, die sie sonst gerne mögen, reduziert oder ganz aufgegeben haben, suchen Sie Unterstützung.

Nehmen Sie ein Blatt Papier und schreiben Sie Ihre Gefühle nieder. Sprechen Sie mit Vertrauenspersonen oder professionellen Beratern. Suchen Sie die Nähe von jenen Menschen, die Ihnen guttun und auch in schweren Zeiten für Sie da sind. Verbringen Sie Zeit mit Menschen, die Sie in den Arm nehmen und Ihnen Verständnis und Geborgenheit geben können.

Wenn die körperlichen und seelischen Qualen nicht nachlassen, suchen Sie einen Arzt auf, besprechen Sie mit ihm auch unter allen Umständen Ihre persönliche Situation. Erzählen Sie Ihre Geschichte!

Bewältigungsstrategien von Männern und Frauen

In der Praxis zeigt sich ein deutlicher geschlechtsspezifischer Unterschied im Umgang mit dem Kummer mit der Liebe. Männer bewältigen ihren Schmerz größtenteils mit Aktivität: Arbeit, Projekte, Sport oder Hobby. Männer gehen auch schneller wieder eine neue Partnerschaft ein. Sie blenden häufig den Schmerz weitgehend aus und versuchen sich auf diese Weise zu trösten, ohne den Kummer wirklich zu bewältigen.

Die Bewältigungsstrategie der Frauen liegt in den meisten Fällen in der Kommunikation. Frauen wollen darüber reden, suchen Zuspruch und Verständnis. Waren zwei Frauen anfangs im Beruf nur Kolleginnen, sind sie im Schmerz plötzlich beste Freundinnen und lassen ihrem Kummer freien Lauf. Alles wird besprochen und analysiert. Die intimsten Details werden preisgegeben. Intensive Auseinandersetzung mit dem Schmerz führt in vielen Fällen auch zu einer schnelleren Bewältigung.

Wie sieht es mit der Kommunikation bei den Männern aus? »Wir lassen uns scheiden« kommt meist erst dann über die Lippen der Männer, wenn der Scheidungstermin schon längst vorüber ist. Oft sind Männer auch sehr verletzt, wenn die Ex-Partnerin die Neuigkeit bereits erzählt hat. »Warum musst du überall herumerzählen, dass ich ausgezogen bin?«, fragt Jürgen seine Ex-Frau. Sie antwortet total verwundert: »Du bist vor drei Monaten in eine neue Wohnung gezogen, Nachbarn, Familie, Freunde und Bekannte, die weiterhin vorbeikommen, merken das doch – und warum soll ich es verheimlichen?«

Männer sind selten in der Lage, eine klärende Antwort auf die Frage, warum es eigentlich zur Trennung oder Scheidung kam, zu geben. Ahnungslosigkeit, Unwissenheit und Verständnislosigkeit spielen eine große Rolle, außer bei offensichtlichen Gründen, zum Beispiel einer Affäre.

Männer sind selten bereit, über ihre intimen Erfahrungen und Erlebnisse zu sprechen. Wie großartig eine Frau in sexueller Hinsicht ist, wird hingegen häufig gerne detailreich beschrieben. Die Beziehungsschwächen des Mannes in partnerschaftlicher Hinsicht verschwinden bedauerlicherweise nur allzu gerne unter ihrem »Bierdeckel«.

Frauen handeln eher introspektiv, Männer eher projektiv. Das heißt, Frauen zeigen eine höhere Bereitschaft, sich selbst und ihre eigenen Handlungsweisen bewusst zu beobachten bzw. zu analysieren, was gewiss mit einem hohen Leidenspotenzial verbunden ist.

Ein Beispiel dafür wären folgende typische Aussagen einer Frau: »Wenn ich vielleicht mehr Verständnis für seine schwierige Scheidung aufgebracht hätte, würde er weniger Alkohol trinken. Ich bin ja selbst oft sehr launisch und provokant. Aber wenn er mich beschimpft, verliere ich gelegentlich die Kontrolle. Ich muss mich besser unter Kontrolle haben und verständnisvoller sein, dann geht das schon.«

Eine Frage, die definitiv häufiger von Frauen als von Männern gestellt wird, lautet: »Wo liegt meine Schuld, dass es so weit kommen musste?«

Männer hingegen verwenden eher den Abwehrmechanismus Projektion. Das heißt, Männer übertragen und verlagern den eigenen innerpsychischen Konflikt auf einen anderen Menschen, in den meisten Fällen auf die Partnerin. Ein Beispiel hierfür liefert die Aussage von Max: »Seit der Geburt unseres Sohnes vor drei Monaten spielen ihre Hormone verrückt, ständig nörgelt sie, wenn ich etwas herumliegen lasse oder zu spät heimkomme. Sie wird regelrecht hysterisch, wenn ich mit den Kollegen noch auf ein Bier gehe. Ich bin kein Weichei und lasse mir nicht vorschreiben, wann ich daheim sein muss. Schließlich bringe ich die Kohle nach Hause. Wie stehe ich denn vor meinen Kollegen und Freunden da?«

An dieser Stelle möchten wir hinzufügen, dass es selbstverständlich auch Männer gibt, die sehr wohl in der Lage sind, ihre Emotionen zu besprechen, und dies als Stärke betrachten. Auf der anderen Seite gibt es auch Frauen, die verstummen, wenn es um emotionale Belange geht.

Es existieren noch immer Redensarten, die enormen Einfluss auf die geschlechtliche Identität haben und auch für das Verhalten in einer Beziehung verantwortlich sind. Beispiele dafür wären:

- »Ein Indianer kennt keinen Schmerz!«
- »Buben weinen nicht, reiß dich zusammen!«
- »Bis du heiratest, ist alles wieder gut!«
- »Dieses oder jenes gehört sich für ein Mädchen nicht!«
- »Mädchen, die pfeifen, und Hühner, die krähen, denen sollte man den Hals umdrehen!«

So betrachtet wirken sich solche Phrasen in der Erziehung eher hinderlich auf die Identitätsentwicklung und das Selbstbewusstsein des Kindes aus. Die in der Kindheit erworbene Haltung kommt im späteren Beziehungsleben wieder zum Vorschein.

Gefühlskategorien

Egal, ob Frau oder Mann, unsere Gefühle, Stärken und Schwächen machen uns zu einem menschlichen Wesen. Aus vielen Geschichten ist zu entnehmen, dass Frauen weniger motiviert werden, ihre Aggressionen auszuleben und dies als Stärke zu betrachten. Ihr Aggressionspotenzial könnte ebenso gut als Durchsetzungsvermögen angesehen werden.

Männer hingegen werden kaum angeregt, ihre Traurigkeit zu zeigen und diese als Stärke anzusehen. Ebenso wie hinter der Trauer, verbirgt sich auch hinter Entrüstung und Zorn oftmals Leid, es gibt nur unterschiedliche Manifestationen.

Wir unterscheiden drei unterschiedliche Arten von Gefühlen.

Primärgefühl

Hier handelt es sich um Gefühle, die in einer bestimmten Situation zuerst in uns entstehen – eine authentische Antwort auf die Umwelt, die wir nicht erklären und nicht analysieren können.

Sekundärgefühl

Das sind jene Gefühle, die akzeptabler bzw. gesellschaftlich vertretbarer sind. Ein Mensch fühlt sich traurig, will diese Traurigkeit aber nicht zeigen und wird stattdessen wütend.

Ist das Primärgefühl bei Männern Aggression und das Sekundärgefühl Trauer, ist es beim weiblichen Geschlecht genau umgekehrt: Das Primärgefühl von Frauen ist überwiegend Trauer und das Sekundärgefühl Aggression.

Fremdgefühle

Hierbei handelt es sich um Gefühle, die unbewusst aus Gründen der Loyalität übernommen wurden. Diese Gefühle beeinflussen unsere Grundstimmung nachhaltig. Die Fremdgefühle können offen oder unterschwellig präsent sein.

Kummer mit der Liebe und Burn-out

Obwohl das Burn-out oder die Abgespanntheit im Zusammenhang mit Liebeskummer keine Krankheiten mit eindeutigen diagnostischen Kriterien sind, werden sie immer mehr zu einem wesentlichen Thema unserer Zeit. Die Zahl der Betroffenen steigt rapide an. Dieser Zustand der totalen körperlichen, emotionalen und geistigen Erschöpfung wird im Zusammenhang mit beruflicher Überlastung genannt. Auslöser sind meistens Stress bzw. Belastungssituationen, die nicht mehr bewältigt werden können. Anfangs dachte man, dass überwiegend Menschen in helfenden Berufen davon betroffen sind. Mittlerweile wissen wir, dass nicht nur Krankenpflegepersonal, Sozialarbeiter, Ärzte, Therapeuten, Seelsorger etc. ausbrennen können, sondern auch alle anderen Berufsgruppen. Je geringer Einkommen und Kompetenzbereich sind, desto eher ist man gefährdet. Auch Hausfrauen, deren Management von Haushalt, Familie und sozialem Leben oft unterschätzt wird, können unter diesem Erschöpfungszustand leiden.

Zusammenfassung der Burn-out-Phasen

- ❤ Enthusiasmus – geprägt durch großen Idealismus
- ❤ Stagnation – Handeln ohne Fortschritt
- ❤ Frustration – Niedergeschlagenheit – äußert sich oft in Zynismus
- ❤ Apathie – Ausübung der Tätigkeit nur mit großer Anstrengung möglich
- ❤ Burn-out – bei länger andauerndem Zustand der Erschöpfung

Vermehrtes Engagement, Unfähigkeit zum Entspannen, chronische Müdigkeit, Lustlosigkeit, Schmerzen ohne medizinische Befunde bis hin zu existenzieller Verzweiflung und Suizidgedanken sind nur einige charakteristische Merkmale des Burn-outs.

Das Beziehungs-Burn-out

Wir möchten an dieser Stelle den Begriff »Beziehungs-Burnout« aufgreifen, auch wenn dieser in der Fachliteratur bis heute keinen großen Anklang gefunden hat.

Folgende Aussagen sind immer häufiger im Zusammenhang mit dem Kummer mit der Liebe zu hören: »Ich bin erschöpft von dem ewigen Hin und Her in meiner Beziehung, ich fühle mich wie gelähmt von den ewigen Konflikten«, oder: »Schon wieder ein bindungsunwilliger Mann, ich kann nicht mehr«, oder: »Die ewigen Vorwürfe, die Unzufriedenheit und die hohen Ansprüche meiner Partnerin sind kräfteraubend«, oder: »Ich fühle mich leer und lustlos, bin müde vom ewigen Kampf in der Beziehung«, oder: »Ich bin es leid, so viele erfolglose Verabredungen zu haben!«

In vielen Fällen kommt auch der »Kumulierungseffekt« zum Tragen, was eine Anhäufung von mehreren Einzelbelastungssituationen bedeutet. Das heißt, es kommt zu einer ohnehin schon sehr belastenden beruflichen Situation noch ein Problem in der Partnerschaft dazu, indem der Partner gerade wegen des Jobs noch zusätzlichen Druck ausübt.

»Wenn du diesen Fall auch noch übernimmst, dann ziehe ich aus. Ich bekomme dich kaum noch zu sehen, ich will keinen Senior Partner der ruhmreichen Anwaltskanzlei. Ich will meinen Mann zurück, ich brauche dich, deine Tochter braucht dich!«, sagt Andrea lautstark zu ihrem Mann John. Dieser wiederum fleht seine Frau Andrea an: »Ich stehe unter enormem Druck, muss mich jeden Tag unter Beweis stellen, um den Partnervertrag zu bekommen, ich kann kaum noch schlafen. Ich bin ohnehin am Ende, und dann kommst du und machst mir noch zusätzlichen Stress. Ich brauche deine Unterstützung, es ist nur noch dieser eine Fall, ich verspreche es dir!« Gleichzeitig denkt er sich: »Ich kann nicht mehr, ich halte diesen Druck kaum mehr aus, mein Körper schmerzt, ich schaffe das auf Dauer nicht, ich gehe zugrunde, ich muss aber durchhalten!«

Wenn Sie selbst betroffen sind, setzen Sie Prioritäten. Wer oder was ist Ihnen wirklich wichtig? Seien Sie selbstkritisch! Handelt es sich wirklich nur um eine Phase in Ihrem Leben oder ist diese »Phase« längst zu Ihrem Lebensstil geworden? Halten Sie bewusst einmal an, entschleunigen Sie, schalten Sie einige Gänge runter und schauen Sie aus der Vogelperspektive Ihr Leben an: Welche Ziele haben Sie, was wünschen Sie sich für Ihr Leben?

Wenn Sie einen Partner an Ihrer Seite haben, der unter »Dauer-Druck« steht und Sie immer wieder mit schönen Worten bei Laune hält, achten Sie auf Ihre Grenzen. Suchen Sie das Gespräch mit Ihrem Partner, sagen Sie ihm, dass Sie seinen Druck wahrnehmen, aber auch, was Ihnen fehlt und was Sie sich von ihm wünschen. Versuchen Sie, gemeinsam einen Zeitplan für Sie beide zu erstellen. Wenn es sich um ein Arbeitsprojekt Ihres Partners handelt, tragen Sie die voraussichtliche Projektdauer ein, aber auch gemeinsame Zeitinseln für Zweisamkeit. Nehmen Sie Ihren Partner ernst, seien Sie geduldig. Wenn notwendig, suchen Sie gemeinsam Fachleute auf. Haben Sie aber das Gefühl, dass diese Phase kein Ende findet, Ihr Partner Ihre Bedenken nicht teilt und auch keine Einsicht zeigt, handeln Sie. Befindet sich Ihr Partner Ihrer Meinung nach bereits im Burn-out, stehen Sie ihm bei, achten Sie aber dennoch darauf, wie viel Einsicht und Bereitschaft von ihm ausgehen, um aus diesem Belastungszustand zu kommen. Ihren Partner können Sie schwer ändern, aber Sie selbst können sich ändern.

Kummer mit der Liebe und die Wirtschaft

Nach Ansicht vieler britischer Psychologen ist Liebeskummer eine Liebeskrankheit, die ein ernst zu nehmendes Leiden und eine enorme Belastung darstellt. Und so wirkt sich der Kummer mit der Liebe auch auf alle anderen Lebensbereiche aus.

Wirtschaftlich gesehen verursacht Liebeskummer hohe Kosten in Form von vermehrten Krankenständen, Leistungseinbußen und Fehleranfälligkeit. Ähnlich wie wir mit einer starken Verkühlung oder rasenden Kopfschmerzen keinen klaren Gedanken fassen können und deshalb oft mehr Schaden am Arbeitsplatz anrichten, als wir Leistung bringen, verhält es sich auch bei akutem Liebeskummer. Eine plötzliche Trennung kann uns in einen Schockzustand versetzen, der häufig einem tranceähnlichen Zustand gleicht. Wir schleppen uns zwar zur Arbeit, sind aber geistig in hohem Maße abwesend. Aber auch eine bereits vorliegende Depression mindert unsere Leistungsfähigkeit und erhöht unsere Fehlerquote.

Eigene Erfahrungen aus dem psychosozialen Bereich und zahlreiche Gespräche mit Menschen, die im therapeutischen Kontext tätig sind, belegen, dass rund 80 Prozent aller Probleme, die in eine psychologische oder psychotherapeutische Praxis getragen werden, Beziehungsprobleme sind. Einerseits handelt es sich um direkte Beziehungsprobleme, andererseits liegt in einigen Fällen eine Problematik vor, die Auswirkungen auf die bestehende Beziehung hat, wie etwa Veränderungen im Berufsleben, eigene Erkrankungen, persönliche Veränderungen und vieles mehr.

Kummer mit der Liebe und die Krankenkasse

Für die Krankenkassen entsteht ein hoher finanzieller Aufwand, um die Auswirkungen vom Kummer mit der Liebe zu beseitigen. Ursachen oder gar Prophylaxe werden weitgehend außer Acht gelassen. In der Liebeskummerpraxis bestätigt sich immer wieder Folgendes: Je früher eine Person professionelle Hilfe in Anspruch nimmt, um ihren Trennungsschmerz zu verarbeiten, desto schneller erfolgt die

Heilung dieser Wunde. Körperliche Schmerzen lassen nach, auch die Arbeitsfähigkeit nimmt wieder zu. Der Betroffene ist rascher wieder im Leben integriert. Oft reichen einige Beratungsstunden, um den akuten Trennungsschmerz zu lindern. Natürlich gibt es auch Fälle, die einen längeren Zeitraum beanspruchen.

Viele Menschen stellen sich unmittelbar nach einer Trennung dem Schmerz und kümmern sich aktiv um die Trennungsbewältigung. Es kann aber auch zu einem selbstschädigenden Verhalten kommen – Medikamentenmissbrauch, Einnahme von schädlichen Substanzen bis hin zu einem erschöpfenden Dating-Verhalten und verschobenem Schlafrhythmus. Andere von uns leben jahrelang mit ihrem Schmerz isoliert vor sich hin. Sie meiden berufliche Zusammenkünfte, ebenso sind private Kontakte kaum vorhanden bzw. werden auf ein Minimum reduziert. Meist sind die seelischen Empfindungen weniger spürbar als die körperlichen Erscheinungsbilder. Daher ist es nicht verwunderlich, dass diese Menschen ihre körperlichen Leiden oft einer genauen Untersuchung unterziehen und verschiedenste Behandlungsmethoden zur Anwendung kommen, zum Beispiel: Physiotherapien, Massagen, Moorpackungen, Akupunktur, Infusionen, Schmerzbehandlungen und Medikamenteneinsatz. Irgendwann ist der medizinische Heilungsweg ausgeschöpft, und erst dann wird die Seele als Ursache für körperliche Beschwerden in Betracht gezogen.

Immer häufiger lesen wir in verschiedenen Zeitschriften, dass Forscher aus aller Welt festgestellt haben, dass ein gebrochenes Herz Schmerzen verursacht. Trennungen vom Partner oder auch andere emotionale Misserfolge lösen reale körperliche Beschwerden aus. Auf der anderen Seite kann Verliebtheit körperliche Leiden reduzieren.

Leider ist es den meisten Menschen unter uns immer noch sehr unangenehm, von ihrem Kummer mit der Liebe zu erzählen. Viele wollen auch keine Therapie auf Krankenschein, da die Befürchtung naheliegt, dass dies Nachteile für den beruflichen Alltag mit sich bringen könnte.

Außerdem brauchen wir, um einen Therapieplatz auf Krankenschein zu bekommen, eine Diagnose. Liebeskummer und seine Auswirkungen sehen wir schon lange als diagnosewertig.

Die Liebe ist ein sehr mächtiges Gefühl, das uns stärkt, nährt und verbindet. Der Kummer mit der Liebe löst mitunter ein noch viel stärkeres Gefühl aus, das uns effektiv schwächt, krank macht und in tiefe Sinnkrisen stürzen kann.

Der Körper als Spiegel der Seele

Liebeskummer ist keine Teenager-Krankheit. Belastende Lebensereignisse und vor allem die damit verbundenen Gefühle können sich enorm schädlich auf Körper, Geist und Seele auswirken. Achten Sie darauf! Müssen zuerst Schmerzen auftreten, um auf sich zu achten und zu handeln? Ist zum Beispiel Entspannung nur über Schmerz möglich? »Wenn ich meine Ruhe haben will, sag ich meinem Umfeld, dass ich Kopfschmerzen habe«, sagt Stefanie. »Manchmal habe ich gar keine Schmerzen, aber aufgrund meines schlechten Gewissens bekomme ich dann welche und ärgere mich.«

Hanna, 35 Jahre, beschreibt sich als sehr aktiv und kommunikativ. Seit ihrer Trennung vor zwei Jahren hat sich das allerdings geändert. »Ich finde meinen Rhythmus nicht mehr, alles ist mir zu viel, und dann kommt noch die neue Arbeitsstelle dazu. Am liebsten würde ich privat gar niemanden mehr sehen. Ich bin erschöpft und ausgelaugt und trotzdem schleppe ich mich zu den Treffen, um ein wenig in Gesellschaft zu sein.« Hanna leidet seit zwei Jahren an Migräne, wobei diese immer dann akut wird, wenn ein Treffen mit bestimmten Personen bevorsteht. Mit schlechtem Gewissen, aber großer Erleichterung sagt sie viele dieser Treffen ab. Auf die Frage, ob es denn möglich wäre, ihren Freunden und Bekannten reinen Wein einzuschenken und ihnen ihre Lage zu erklären und sich die Entspannung auf dem direkten Weg ohne Schmerzen zu holen, antwortet sie: »Das wäre mir äußerst unangenehm, weil es mir peinlich ist, zugeben zu müssen, dass ich noch immer im Trennungsschmerz feststecke. Schon beim Gedanken daran fühle ich mich schwach und unfähig.«

Wenn Sie nicht auf sich achten und Ihre Grenzen wahren, wird Sie Ihr Körper darauf aufmerksam machen, wenn nötig über den Schmerz. Wilhelm Reich, ein Schüler Sigmund Freuds, hat bereits vor 80 Jahren folgende These formuliert: Die Verdrängung von innerlich unerlaubten Gedanken, Wünschen, Handlungsimpulsen und Gefühlen geht mit körperlicher Verspannung einher. Unser Körper speichert unsere Erfahrungen und Gefühle. Wir können zum Beispiel unsere Wut an unserer Umwelt auslassen – in Form von entwertenden Aussagen, Zynismus, Sarkasmus, oder offen ausgelebt in verbalen oder körperlichen Attacken. Wir können aber unsere Wut auch hinunterschlucken, was häufig zu chronischen Verspannungen und Schmerzen führt.

Der massivste Akt nach innen gerichteter Aggression ist der Suizid, also Selbstmord.

Stress stellt eine Belastung für uns dar, und jeder Mensch hat einen oder mehrere Körperbereiche, die unser Gefühlsleben in schmerzhafter Weise oft spürbar machen. Die Seele spricht und der entsprechende Körperteil reagiert darauf, wie folgende Redewendungen veranschaulichen:

- Das geht mir an die Nieren!
- Mir ist eine Laus über die Leber gelaufen!
- Das liegt mir im Magen!
- Ich zerbreche mir den Kopf!
- Das lähmt mich!
- Das ist zum Kotzen!
- Da geht mir die Galle über!
- Meine Nerven liegen blank!
- Mir sitzt die Angst im Nacken!
- Es schnürt mir die Kehle zu!
- Ich bringe keinen Bissen runter!
- Ich habe einen Frosch im Hals!
- Das raubt mir den Schlaf oder den Verstand!
- Mir bricht das Herz! Das zerbricht mir das Herz!

Das Broken-Heart-Syndrom

Ein Synonym für den Liebeskummer ist auch der Herz-schmerz. Extremer Stress oder ein heftiger Schock können Symptome auslösen, die denen eines Herzinfarktes nahekommen, zum Beispiel durch einen Todesfall oder eine plötzliche Trennung. Das Herz schmerzt. Hier muss es sich aber nicht immer um einen echten Herzinfarkt handeln. Manchmal handelt es sich auch um eine sogenannte Stress-Kardiomyopathie, die auch als Broken-Heart-Syndrom bezeichnet wird.

Diese heftige Funktionsstörung des Herzens, von der übrigens häufiger Frauen als Männer betroffen sind, vergeht gewöhnlich nach wenigen Tagen wieder. In den meisten Fällen bleiben keinerlei Gewebsschäden zurück, wie es bei einem herkömmlichen Herzinfarkt der Fall ist. Nur in rund einem Prozent der Fälle kann es durch den seelischen Herzinfarkt zu organischen Veränderungen kommen.

Das Krankheitsbild des Broken-Heart-Syndroms ist erst seit wenigen Jahren bekannt und wird von einigen Medizinern angezweifelt. Einzelne Kardiologen beschäftigen sich jedoch intensiv mit der Erforschung dieses Phänomens.

Sollten Sie unter Herzschmerzen leiden, suchen Sie einen Arzt auf. In einem Akutstadium der Stress-Kardiomyopathie können tatsächlich lebensbedrohliche Komplikationen auftreten, die Sie nicht unterschätzen sollten. Wichtig ist, dass Sie Ihrem Arzt erzählen, woher Ihr Schmerz kommt.

Die Ausführungen zum Thema Kummer mit der Liebe sind hier noch lange nicht zu Ende. Falls Sie in einer nicht zu-friedenstellenden Partnerschaft feststecken und Ihre beste Freundin Hoffnung heißt und Sie sich dieser bedingungslos verschrieben haben, dann wollen wir Ihnen Folgendes mitgeben: Es ist eher unwahrscheinlich, dass Sie morgen früh neben einem veränderten Partner bzw. in einer veränderten Beziehungssituation aufwachen. Menschen, die Sie geringschätzig und lieblos behandeln, die Sie betrügen und belügen, die keine Verantwortung übernehmen wollen, die Sie nur lieben können, wenn Sie sich anpassen und unterordnen, werden sich nicht spontan ändern. Falls Sie weinen, jammern, schreien und diskutieren, aber ungehört bleiben und alles zu keiner Einsicht Ihres Partners führt, begraben Sie diese Hoffnung auf Verbesserung. Treffen Sie Entscheidungen und ändern Sie sich selbst. Im besten Fall willigt Ihr Partner in eine Paartherapie ein. Dann probieren Sie diesen Weg. In vielen Fällen zeigt sich aber, dass Sie um eine Trennung nicht herumkommen werden. Wie Sie diese bewerkstelligen und bewältigen, zeigen wir Ihnen im nächsten Kapitel.

> »Der Kummer, der nicht spricht,
> nagt am Herzen, bis es bricht.«
>
> **WILLIAM SHAKESPEARE**

KAPITEL 4

Die Trennung

Mit der Verliebtheit verfallen wir in eine illusionäre Haltung. Liebesschwüre und das Versprechen, bis in alle Ewigkeit füreinander da zu sein und einander niemals zu verlassen, sind eine große Täuschung. Die Kehrseite der Liebe ist nämlich der Verlust. Selbst die erfüllendste und innigste Beziehung ist vom Verlust geprägt. Es gibt kein Leben ohne Verlust. In unserer Kultur hat die Liebe und deren Erfüllung einen hohen Stellenwert erhalten, wogegen die Kehrseite – der Verlust – gerne ausgeblendet wird.

Wenn Sie Ihr Dasein und Ihre Welt ausschließlich über Ihre Beziehung definieren, wird im Falle einer Trennung tatsächlich eine Welt für Sie zusammenbrechen. Das ist häufig dann der Fall, wenn Menschen klar sagen, dass sie nicht allein sein können oder wollen und darüber hinaus kaum einen Tag in ihrem Leben verbracht haben, ohne in einer Partnerschaft zu sein. Sie fühlen sich ohne Partner halbwertig und sehen keinen Sinn in ihrem Leben. Somit wird die Partnerschaft zum Identitätsthema. Wenn eigene Interessen und der Freundeskreis vernachlässigt oder aufgegeben werden, sind das eindeutige Zeichen dafür, dass das eigene

Leben rein über die Beziehung definiert wird. Wie hat mein Leben vor der Beziehung ausgesehen, wie sieht es heute aus? – Vergleichen Sie!

Trennungen, Alleinsein und Einsamkeit gehören jedoch zu unserem Leben dazu und sind wichtige Bestandteile unserer persönlichen Entwicklung.

Viele von uns haben sich schon einmal getrennt bzw. sind getrennt worden. Eines aber ist sicher: Kaum ein Mensch trennt sich aus heiterem Himmel von seinem Partner oder seiner Partnerin. Die Trennung ist ebenso ein Prozess wie die Entwicklung einer Partnerschaft. Intimität, Vertrauen und Liebe brauchen Zeit, um zu wachsen. Und so braucht es auch Zeit, um Gewohnheiten, Vertrautheit und Rituale wieder aufzulösen. Wenn Sie länger in einer Partnerschaft gelebt haben, dann haben Sie sich vieles vertraut gemacht – gemeinsame Interessen, Hobbys, gemeinsame Wohnung/Haus, Rituale, Freundeskreis, Familienanschluss und vieles mehr. Für niemanden ist es leicht, was man zusammengelegt hat, wieder zu trennen. Auch wenn die Liebe verloren gegangen ist, so haben wir doch unsere Geheimnisse, Schwächen und Visionen preisgegeben. Mit diesen gilt es nun trotzdem wertschätzend umzugehen. Immerhin haben wir den anderen Menschen einst geliebt.

In diesem Kapitel möchten wir auf beide Arten der Trennung eingehen: einerseits auf die aktive Trennung, d.h. auf Menschen, die sich aktiv trennen wollen und ein respektvolles Ausstiegsszenario suchen, andererseits auf die passive Trennung, d.h. auf Menschen, die verlassen wurden und die Bewältigungsstrategien für die Zeit danach brauchen.

Eine Trennung hinterlässt auf beiden Seiten Spuren von

Erfahrungen und Verletzungen. Es liegt an uns, ob wir uns verantwortungsvoll und würdevoll einer Partnerschaft und einer Trennung widmen oder ob wir uns egoistisch und gefühllos der Liebe entledigen.

Die aktive Trennung

Susanna, 35 Jahre und Einkäuferin für Modeartikel, lebt seit fünf Jahren mit ihrem Partner Jens zusammen und möchte sich von ihm trennen. Ein halbes Jahr sammelt sie ihren ganzen Mut zusammen, spielt die Szenen immer und immer wieder gedanklich durch, um schließlich doch bei Jens zu bleiben. Irgendwann ist der Entscheidungsfindungsprozess aber abgeschlossen. Die Liebe ist schon lange erloschen. Susanna möchte sich aus der Beziehung befreien, Jens aber nicht noch zusätzlich verletzen. Sie sucht nach dem richtigen Zeitpunkt, der richtigen Art und der passenden Wortwahl.

Der richtige Zeitpunkt

Den perfekten Zeitpunkt für eine Trennung gibt es nicht. Beleuchten wir das im Falle von Susanna. Sie steht vor der folgenden Frage: »Ich will nicht mehr, ich möchte meine Beziehung beenden, aber wann und wie?«

Es ist Mitte November. Susanna meint, jetzt vor Weihnachten könne sie das unmöglich durchziehen. Sie wolle einen solchen Entschluss beiden Familien nicht antun, denn Weihnachten sei schließlich die Zeit der Liebe, des Friedens, der Harmonie, der Familie und Freundschaft, also nicht gerade der geeignetste Zeitpunkt, um eine Beziehung zu beenden. Zu

Neujahr ist der Schritt zur Trennung ebenfalls nicht möglich. Ende Januar findet die Feier zum 35. Hochzeitstag von Jens Eltern statt, welche Susanna keinesfalls zerstören möchte. Für den Valentinstag ist bereits ein Wellness-Wochenende gebucht. Das muss sie noch aushalten. Ach ja, und zu Ostern möchte er so gerne eine Nilkreuzfahrt machen. Und dann steht schon wieder der Sommer ins Haus. Susanna merkt bald, dass es schwierig wird mit dem richtigen Zeitpunkt. Auf die Frage, wie lange sie es noch an Jens Seite aushält, meint sie, eigentlich keinen Tag länger. Sie kann und will nicht weiterhin eine Beziehung und Gefühle vortäuschen. Nach einer längeren Gedankenpause sagt sie entschlossen: »O.k., ich trenne mich jetzt, na ja, in den nächsten Tagen. Wie soll ich es machen, wie soll ich dabei vorgehen?«

♥
♥ Es gibt keinen richtigen Zeitpunkt für eine Trennung,
♥ die eigene Verfassung bestimmt den passenden Zeitpunkt.

Die richtige Art und Weise der Trennung

Eine Beziehung zu beenden braucht seine Zeit. Sie können sich rein objektiv betrachtet sehr schnell von Ihrem Partner bzw. Ihrer Partnerin trennen, aber Ihr Herz und Ihre Seele werden in den meisten Fällen doch etwas länger brauchen. Wenn Sie sich trennen wollen, nehmen Sie sich Zeit. Achten Sie nicht auf den perfekten Zeitpunkt, sondern darauf, dass Sie sich in der richtigen Stimmung und Verfassung befinden. Nehmen Sie sich Zeit für dieses Gespräch. Begegnen Sie dem Menschen, der ein wichtiger Wegbegleiter war, mit Wertschätzung und Respekt.

Mit dem Beenden einer Beziehung ist es eigentlich ganz

einfach, oder? Denken Sie darüber nach, wie Sie selbst behandelt werden möchten, und handeln Sie dementsprechend!

»Ich liebe dich nicht mehr!«, »Ich möchte nicht mehr mit dir zusammen sein!« oder ähnliche Formulierungen treffen uns wie ein Keulenschlag. Der Mensch, der gehen will, hat genügend Zeit, sich auf die Trennung vorzubereiten, der zukünftige Ex-Partner aber nicht. Dieser wird vermutlich sehr überrascht und schockiert auf die Trennung reagieren.

Auch wenn hier die Meinungen auseinandergehen – die Art, wie wir verlassen werden, spielt eine wesentliche Rolle für die Bewältigung der Trennung. Wenn Sie Ihren Partner einmal geliebt haben, dann nehmen Sie sich die Zeit für ein persönliches Gespräch. Auch wenn die Liebe weg ist, zeigen Sie Respekt und Wertschätzung für die gemeinsame Zeit. Es wird den Trennungsschmerz nicht verhindern, aber deutlich lindern.

Es gibt keine Trennungsform, die den Schmerz, das Leiden am Verlust und den daraus entstehenden Konflikt verhindern kann. Aber welche Trennung entspricht der Beziehung? Wie viel Würde will ich mir und meinem Partner in einer Beziehung, aber auch am Ende einer Beziehung zubilligen?

»Würde« heißt, jemanden in seiner ganzheitlichen Integrität als Mensch, wie er ist, sein zu lassen und ihn nicht verändern zu wollen. Das heißt, diesen Menschen verstehen zu wollen, ohne ihn zu bewerten oder zu verurteilen, aber gleichzeitig auch Kompromisse einzugehen.

Oft verlieren wir unsere eigene Würde, belügen und betrügen den Menschen, den wir lieben, oder schleichen uns ohne große Worte aus der Beziehung. Möglicherweise beschäftigen wir aber auch eine Armee von Rechtsanwälten und finden uns in einem Rosenkrieg voll Zorn, Hass und Rachegedanken wieder. Die einstige Verbundenheit und Liebe wird zu einem Schlachtfeld der Gefühle. Bedürftigkeit und Schmerz beherrschen dieses Gefühlschaos. Kriege haben aber bisher noch nie positiv zur Heilung beitragen können.

Die verschiedenen Möglichkeiten für das »Beziehungs-Aus«
Betrachten wir gemeinsam die verschiedenen Optionen. Überlegen Sie, wie Sie sich fühlen würden, wenn jemand auf die eine oder andere Art mit Ihnen Schluss macht.

Ghosting

Der vollständige Kontaktabbruch ohne Ankündigung und die Kommunikationsverweigerung in einer Partnerschaft oder nach Dates kommt immer häufiger vor. Das ist wohl die geringschätzigste und kränkendste Art der Trennung. Zurück bleibt meist ein Mensch, der tief geschockt, enttäuscht und voller Fragen und Selbstzweifel ist. Bitte stellen Sie sich der Trennung.

SMS/E-Mail/Internetplattformen

Der Wertschätzungsfaktor ist hier sehr gering, gleichzeitig der Leidensfaktor für den getrennten Menschen umso höher. Fritz wird per Mail mit den Worten: »Ich will und kann nicht mehr, sorry!«, über das Beziehungsende in Kenntnis gesetzt. Er beschreibt sein Gefühl so: »Ich fühlte mich wie ein Hund, der ausgesetzt und nicht einmal zur Versorgung ins nächste Tierheim gebracht wurde.« Viele Fragen bleiben offen. Das Selbstwertgefühl des Betroffenen sinkt gegen null.

Telefon

Auf diese Weise kommt es zwar zu einem Dialog, aber auch hier geht der persönliche Kontakt verloren. Vieles bleibt häufig ebenfalls unbeantwortet. Eignet sich noch am ehesten bei Beziehungen, die eher kurz und noch nicht sehr verbindlich waren.

Post-it

»Es ist aus, ich muss hier raus.« Auch wenn Sie kein Mensch der großen Worte sind, diese sind eindeutig zu knapp.

Brief

Mit diesem nostalgischen Mittel können Sie zwar Ihren Standpunkt darlegen, aber trotzdem werden einige Fragen offen und unbeantwortet bleiben. Im Kummer mit der Liebe wählen wir oft Ausweichmanöver, wir wollen uns dann nicht mehr mit dem anderen auseinandersetzen, sondern den Emotionen und Fragen, die vielleicht auf uns zukommen, entkommen. Dadurch fügen wir dem anderen aber noch mehr Kränkung und Verletzung zu.

Sie merken, worauf es hinausläuft.

Das persönliche Gespräch

Erinnern Sie sich, Sie haben einiges an Zeit und Gefühl investiert, um sich kennenzulernen und Liebe und Vertrauen aufzubauen. Auch wenn Ihre Liebe weg ist, erinnern Sie sich, dass Sie mit Ihrem Gegenüber einige gemeinsame Zeit verbracht und auch Liebe und Zuwendung bekommen haben. Die Art und Weise der Trennung ist auch entscheidend für die Bewältigung des Trennungsschmerzes. Geht jemand mit knappen Worten, ohne große Erklärung oder ein persönliches Gespräch, bleiben unzählige Fragen offen. Wie lange weiß er oder sie schon, dass es aus sein wird? Wir haben doch noch Pläne gemacht. Wo ist die Liebe hin verschwunden? Hätte ich den Ausgang verhindern können? Was habe ich falsch gemacht? Warum hat er oder sie nie etwas gesagt?

Vermeiden Sie nach Möglichkeit folgende Aussagen:

- »Es tut mir leid, dass ich dir das antun muss!«

Mögliche Reaktion: »Warum tust du es dann?«

- »Lass uns Freunde bleiben!«

Mögliche Reaktion: »Damit ich weiter für dich da bin und mir dann auch noch deine Liebesgeschichten anhören kann?«

- »Ich muss mich selbst finden. Ich hab dich nicht verdient!«

Mögliche Reaktionen: »Was ich verdiene und was nicht, ist meine Angelegenheit.«

- »Es liegt nicht an dir!«

Mögliche Reaktion: »An wem dann?«

Solche oder ähnliche Aussagen verstärken nur den Schmerz und bringen keine Erleichterung, sondern Ärger und Wut mit sich und führen oftmals zu Verwirrungen. Was immer Sie im Zuge einer Trennung sagen, bedenken Sie, dass Sie Ihren Partner kränken. Seien Sie ehrlich, aber vermeiden Sie unnötige Verletzungen. Sie haben diesen Menschen einmal gemocht, geliebt, geschätzt und begehrt. Wenn Sie gemeinsame Kinder haben, dann denken Sie daran, dass Sie die Elternschaft weiterhin gemeinsam tragen.

Wird eine Trennung nicht als Erleichterung oder Befreiung erlebt und ist ungewollt, ist sie in den meisten Fällen mit schmerzhaften Gefühlen verbunden. Um in einer solch schwierigen Situation eine möglichst schonende Herangehensweise zu wählen, empfehlen wir Ihnen die nachfolgenden drei Schritte:

1. *Trennungsabsicht:* Machen Sie die Trennung deutlich, übernehmen Sie die Verantwortung für die Trennung. Lassen Sie Pauschalfloskeln.

Erklären Sie Ihrem Partner die Situation, aber seien Sie sich auch im Klaren, dass Sie Ihren Partner nicht trösten können. Das muss jemand anderer übernehmen. Sie können sich nicht von einem Menschen trennen und ihn gleichzeitig darüber hinwegtrösten!

2. *Klärung:* Beleuchten Sie die Beziehung noch einmal. Was sind die Beweggründe zur Trennung? Was waren die positiven Aspekte?

Was nehmen Sie mit? Worin liegt Ihr Anteil am Scheitern dieser Beziehung? Ein wesentlicher Punkt für die Heilung ist das Klären Ihres Anteils.

3. Dimension: Entscheiden Sie, ob Sie den Kontakt völlig abbrechen wollen oder ob Sie eine Weile auf Distanz gehen möchten. Regulieren Sie die Nähe und Distanz. Vielleicht können Sie irgendwann auf eine freundschaftliche Ebene wechseln, gehen Sie jedoch vorerst auf Distanz.

Die passive Trennung

»Es ist aus, ich liebe dich nicht mehr« ist wohl einer der Sätze, der uns alle am heftigsten trifft und am längsten beschäftigt und uns verändert.

Sarah, 28 Jahre, ist seit sechs Jahren mit Chris zusammen. Sie leben seit drei Jahren in einer gemeinsamen Zweizimmerwohnung und haben vor, nach Abschluss ihres Studiums zu heiraten und Kinder zu bekommen. Sarah kommt eines Abends nach Hause und findet einen Zettel mit folgenden Worten darauf: »Liebe Sarah, ich habe lange hin und her überlegt, wie ich es dir sagen soll. Ich mache es kurz und schmerzlos: Ich liebe dich nicht mehr, mir ist das alles viel zu eng. Sorry, Chris«.

Sarah weiß nicht mehr genau, wie lange sie mit diesem Zettel in der Hand dastand und es nicht glauben konnte. Als sie heimkam, war es noch hell, als sie wieder zu sich kommt, ist es dunkel. Sie geht durch die Wohnung und merkt, dass Chris all seine persönlichen Sachen bereits mitgenommen hat. Wo ist er hin? Wie geht es weiter? Was mache ich jetzt? Tausend Fragen schießen ihr gleichzeitig durch den Kopf und dazu ein brennender Schmerz in ihre Brust. Wie kann er mich so verlassen? Wie lange liebt er mich schon nicht mehr? Warum habe ich nichts bemerkt?

Sie ruft ihn an, sein Handy ist ausgeschaltet. Das hab ich nicht verdient. Was ist aus unseren sechs Jahren geworden? Sie hinterlässt unzählige Nachrichten, schickt SMS. Erfolglos, keine Reaktion. Ihr Handy glüht, ihr Herz brennt, und irgendwann schläft sie erschöpft auf dem vor Kurzem gemeinsam gekauften roten Sofa ein. Albträume, Gedanken, Geräusche reißen sie immer wieder aus dem Schlaf. Am Morgen erwacht sie erschöpft, verzweifelt und fassungslos. Es folgen zahlreiche Gespräche mit Freunden, Familienmitgliedern und Bekannten. Aber keine mit Chris. Ein paar Tage später lässt er ihr ausrichten, dass er ein bisschen Gras über die Sache wachsen lassen und sich dann bei ihr melden wird.

Sie kann es nicht glauben. Sie will mit ihm reden. »Ich habe ein Recht auf ein Gespräch«, sagt sie immer wieder zu einer Freundin. Ein paar Tage später willigt Chris in ein Treffen ein. Sarah ist überschwemmt von widersprüchlichen Gefühlen, Angst, Aufregung, Wut, Traurigkeit, Hoffnung und Begehren. Dieser Gefühlscocktail bricht aus ihr heraus, als sie ihm gegenübersteht. Ihre Tränen fließen in Strömen. Alle in ihr aufgestauten Fragen brechen aus ihr heraus. Er kann nicht viel sagen, stammelt immer wieder, dass ihm alles zu endgültig und eng geworden ist. Er möchte noch so viel erleben, er fühlt sich zu jung, um zu heiraten, eine Familie zu gründen, um Erwartungen zu entsprechen. »Aber vielleicht später«, meint er zögerlich.

Es folgen sofortiger Krankenstand, Schlaf- und Appetitlosigkeit und unzählige Tränen. Sie sucht eine Ärztin auf, lässt sich von ihr verschiedenste Medikamente verschreiben, um wieder einigermaßen Stabilität zu erlangen. In derselben Woche entscheidet sich Sarah für eine professionelle Unterstützung.

Es gibt viele Stunden Stabilisierungs- und Entlastungsge-
spräche, Gedanken und Gefühle werden geordnet und sor-
tiert, die Beziehung durchleuchtet und analysiert, Bewältigungsstrategien ausgearbeitet. Nach einem halben Jahr ist
Sarah immer noch traurig, aber es gibt Ideen, ihren Alltag
wieder mit Leben und Freude zu füllen. Auch Männer werden immer häufiger Opfer von überraschenden Trennungen
und bleiben verzweifelt zurück.

Alexander, 35, Außendienstmitarbeiter
Alexander hat nach drei Jahren Beziehung seine große Liebe
geheiratet. Zwei Jahre später kommt das Wunschkind auf die
Welt, ein Haus wird gebaut und das Leben eingerichtet. Als
Außendienstmitarbeiter ist er sehr häufig im In- und Ausland
unterwegs, sie bleibt beim gemeinsamen Sohn zu Hause und
kümmert sich um den Haushalt. Diese Vereinbarung haben sie
gemeinsam getroffen. Sie erwartet finanzielle Absicherung, er
die Versorgung des Kindes, des Haushalts und die Organisation
des sozialen Lebens. Irgendwann verlieren sich die beiden – er
im Job, sie zu Hause bzw. in der Sehnsucht nach ihm. Es läuft
alles perfekt, nur die Liebe ist weg. Er beschreibt die Zeit vor der
Trennung als gleichgültig und lieblos. Verbunden haben sie der
gemeinsame Sohn und Unternehmungen im Familien- und
Freundeskreis. Sexuell läuft schon lange nichts mehr.
    Nach einiger Zeit beginnt sie sich darüber zu beklagen,
dass er kaum Zeit hat und wenig am Familienleben teil-
nimmt. Er reagiert mit Unverständnis und Ratlosigkeit, da
er doch, seiner Meinung nach, so viel für die Beziehung tut,
indem er reichlich Geld verdient. Wohlstand führt aber nicht
zwingend zu Zufriedenheit. Eines Tages beginnt sie mit einer

Therapie, weil es ihr sehr schlecht geht, wie sie ihrem Mann erzählt. Alexander nimmt dies zur Kenntnis und bezahlt ihre Therapiesitzungen und hofft auf Besserung der Beziehung. Als er sie eines Tages zu einer Therapiesitzung begleiten soll, erfährt er, dass es schon längere Zeit einen anderen Mann in ihrem Leben gibt. Daraufhin entflammt seine Liebe für kurze Zeit aufs Neue, er kämpft und bemüht sich intensiv um sie, bleibt aber erfolglos. Letztendlich zieht Alexander kraftlos aus dem gemeinsamen Haus aus. Er überlässt ihr das Haus, um die Zukunft seines Sohnes zu sichern. Seine eigene Zukunft ist aber grau und ungewiss. Kurz darauf zieht der neue Partner seiner Ex-Frau in »sein Haus«.

»Eigentlich haben mich mein Job, die finanzielle Absicherung meiner Familie und die Entwicklung meines Sohnes viel mehr interessiert als meine Frau, aber eine Trennung kam für mich nicht in Frage. Es war mir wichtig, meinen Sohn beim Heranwachsen zu begleiten. Ich konnte es nicht glauben, mit einem Schlag verlor ich meine Frau, meinen Sohn, mein Haus, mein soziales Umfeld – eigentlich mein Leben. Als ob das nicht genug wäre, nimmt nun auch noch ein anderer Mann meinen Platz in der Familie und im gemeinsamen Freundeskreis ein.«

Alexander hat gute Freunde, die ihm zuhören und in der ersten Zeit unterstützend zur Seite standen. Seine Hobbys intensiviert er, Urlaube verbringt er allein oder manchmal mit seinem Sohn. Die nächsten Jahre bleibt er Single, kommt etwas zur Ruhe und ist für seinen Sohn ein guter Vater. Er braucht Monate, um seine Gefühle und Gedanken zu ordnen, und noch viel länger, um wieder eine Partnerschaft eingehen zu können.

Die ungewollte Trennung – was tun?

Egal wann, wo und wie die Trennung passiert, Tatsache ist, dass der Partner weg ist und unendlich viele Fragen offen bleiben, wie zum Beispiel:

- Wie konnte das passieren?
- Was habe ich falsch gemacht?
- Gibt es einen neuen Mann / eine neue Frau?
- Warum musste er das im Urlaub tun?
- Wieso haben wir noch gemeinsam die neue Einrichtung für das Wohnzimmer besprochen?
- Warum hat sie nicht gesagt, was sie stört? Warum haben wir nicht geredet?
- Was hat der neue Partner, was ich nicht habe?

SELBSTTEST

Trifft Sie eine Trennung überraschend, sollten Sie sich folgende Fragen stellen:

Was brauche ich noch von meinem Ex-Partner oder meiner Ex-Partnerin?

- ein Gespräch, um offene Fragen zu klären?
- einen völligen Kontaktabbruch oder lediglich eine Kontaktpause?
- einen Austausch von Gegenständen?
- ein Besprechen finanzieller Angelegenheiten?
- eine Abklärung, was die gemeinsamen Kinder betrifft?

Was will ich für mich?

- eine Entfernung oder Entsorgung von Erinnerungsstücken?
- einen Umbau der Wohnung oder überhaupt eine andere Wohnung?

Was brauche ich im Moment am notwendigsten?

- Gespräche mit Vertrauenspersonen: Zuhören oder Ratschläge?
- Kontakt zu vertrauten Personen?
- eine Selbsthilfegruppe?
- professionelle Unterstützung?
- Aktivität?
- Rückzugsmöglichkeit, Ruhe, Alleinsein?
- eine Auszeit – Urlaub?
- Struktur – Arbeit, Beschäftigung?
- Rituale – Abschiedszeremonien (Gegenstände wegräumen, verbrennen, beerdigen, ausräuchern)?
- Glaube, Religion, Spiritualität?

Was kann ich mir selbst Gutes tun?

- Ruhe und Entspannung?
- in Bewegung kommen?
- Genuss: Natur, Wellness, Kochen, Essen?
- Musik: Konzerte besuchen, selbst musizieren?
- Kunst, Kultur?
- Malen?

- ♥ Typveränderung?
- ♥ Was wollte ich immer schon verwirklichen? Etwas Neues lernen, eine neue Sportart versuchen, einen lang gehegten Wunsch erfüllen etc.

....

Die fünf Phasen der Trauer

Trennungen können im ersten Moment einen Schock auslösen, ähnlich wie wenn eine uns nahestehende Person stirbt. Wir fühlen uns dann wie in Trance, betäubt, in Watte gepackt und ohnmächtig. »Ich dachte, dass ich mich gleich übergeben muss und zusammenbreche«, schildert Michaela ihren Zustand, als sich Roman von ihr getrennt hat. »Ich wollte mein oder sein Leben beenden, fühlte mich kraft- und hoffnungslos, schmiedete abwechselnd Rache- und Eroberungspläne«, ergänzt Michaela. »Was hat sie, was ich nicht habe?« und »Wie bekomme ich ihn zurück?« oder »Die Trennung wird nicht billig, dafür sorge ich«. Diese und ähnliche Gedanken und Gefühle wechselten sich ab. »Es war ein langer Prozess, um aus dieser Trauerphase herauszukommen, aber es hat sich gelohnt, und ich habe viel über mich selbst erfahren, vor allem, dass ich viel mehr Seelenstärke besitze, als ich dachte«, sagt sie heute.

Es ist völlig normal, dass wir nach einer Trennung vom Liebesleid erfasst werden, eine ungewollte Trennung schmerzt immer, egal wie lange die Beziehung gedauert hat, unabhängig davon, ob wir verheiratet waren oder Kinder haben. Eine

Trennung setzt einen Leidensprozess in Gang, der in verschiedenen Phasen abläuft.

Der Kummer, der durch eine Trennung entsteht, ist ein individueller Trauerprozess, der nach unseren Beobachtungen in folgende fünf Phasen eingeteilt werden kann. Diese Phasen dienen lediglich als grobe Orientierungshilfe und werden je nach Autor unterschiedlich benannt. Intensität, Dauer und Reihenfolge können bei jedem Menschen anders sein.

Erste Phase: Schock/Zusammenbruch

Trennungen von einem geliebten Menschen stellen für viele von uns eine extrem große psychische Belastung dar, also eine akute Belastungssituation, die wir kurz Schock nennen. Diese Schockerlebnisse greifen häufig tief in das physiologische Geschehen ein und können dann unter anderem zu Störungen der Atemtätigkeit, des Kreislaufs und der Verdauung führen. Die Handlungsfähigkeit ist mehr oder weniger eingeschränkt bzw. völlig verschwunden. Man will es einfach nicht wahrhaben, und die Gedanken kreisen im Rekordtempo durch das Hirn.

Unsere Empfehlungen:

Rückzug
Wenn Sie zu jenen Menschen gehören, die sich zuerst einmal zurückziehen wollen, um ihre Gedanken und Gefühle zu ordnen, und das »Selbstgespräch« vorziehen, dann hören Sie auf Ihr Gefühl und ziehen

Sie sich zurück. Erst wenn Sie so weit sind und mit anderen Menschen reden möchten, tun Sie das.

Reden
Suchen Sie Unterstützung bei Vertrauenspersonen – Familie, Freunde, Bekannte etc. Erzählen Sie von Ihrem Liebesschmerz und lassen Sie sich trösten. Sie können die Starre eines Schockzustandes und die sinnliche Beeinträchtigung einer Ohnmacht durch das Reden über den Schmerz, das Herauslassen Ihrer Trauer lösen. Mit anderen Menschen zu reden kann Sie auch aus der Isolation führen und in Kontakt mit sich und der Umwelt bringen.

Nahrungs- und Flüssigkeitsaufnahme
In solchen Ausnahmesituationen, die Schock- oder Ohnmachtszustände mit sich bringen, ist es normal, dass wir uns vor unserer Umwelt verschließen und unsere Nahrungs- und Flüssigkeitsaufnahme verändern. Manche haben kaum mehr Lust zu essen oder stellen die Nahrungsaufnahme völlig ein, andere neigen dazu, extrem viel zu essen, um sich zu trösten. Achten Sie daher bewusst auf Ihre Nahrungs- und Flüssigkeitsaufnahme.

Professionelle Unterstützung
Überlegen Sie sich, ob Sie in dieser ersten Phase professionelle Unterstützung brauchen, und nehmen Sie

die Möglichkeiten diverser Einrichtungen (Arzt, Psychologe, Psychotherapeut, Beratungsstellen, Ambulanzen, Kriseninterventionsstellen etc.) an. Betrachten Sie es als eine Möglichkeit, gut auf sich zu achten.

Zweite Phase: Verleugnung/Verdrängung

»Ich will ihn/sie zurück, das muss ein Irrtum sein, das kann nicht sein, ich kämpfe!« Wir wollen das Geschehene nicht wahrhaben. Erste Entzugserscheinungen stellen sich ein. Wir vermissen nicht nur den geliebten Menschen, sondern auch Gewohnheiten, Gemeinsamkeiten, Aktivitäten, und der leere Platz neben uns im Bett raubt uns den Schlaf. Vielleicht sind die Gefühle von unserer Seite aber auch schon länger im Dornröschenschlaf gelegen – dann kann es passieren, dass Gefühle für den Partner neu entflammen. Der Effekt ist ähnlich wie bei der Verliebtheitsphase – wir stellen unseren Partner auf ein Podest und idealisieren ihn. Die Nächte sind mit Wunschträumen gefüllt, die die erlösende Versöhnung immer und immer wieder darstellen. »Ich träumte die erlösenden Worte – es war alles nur ein Irrtum, ich habe noch einmal nachgedacht, ich liebe dich, lass es uns noch einmal probieren«, erzählt eine Klientin. Albträume, Wunschträume und die Realität lösen sich ab. Wir glauben nicht, dass die Beziehung zu Ende ist. Wir kämpfen und bemühen uns um eine zweite Chance. Bleibt die Versöhnung nur ein Wunschtraum und findet keinen Weg in die Realität, kommen wir in die dritte Phase.

Unsere Empfehlungen:

Akzeptieren

Es ist vollkommen normal, dass Sie den Schmerz, die Trennung, als erste Reaktion verleugnen wollen. Dies ist ein Mechanismus des Selbstschutzes. Schauen Sie hinter den Selbstschutz und werfen Sie einen Blick auf diesen Schmerz – erst wenn Sie ihn annehmen, können Sie ihn auch verarbeiten. Erst wenn Sie bereit sind, Ihre Trennung zu akzeptieren, erschließt sich die Möglichkeit, das Geschehene aufzuarbeiten.

Feedback holen

Reden Sie mit Vertrauenspersonen, die Ihren Partner kannten und auch die Beziehung miterlebten. Oft kann die distanzierte Sicht einer dritten Person sehr hilfreich sein, um wieder einen klareren Blick auf die aufgelöste Partnerschaft zu bekommen.

Reflexion

Erlauben Sie sich die Frage, was Ihr Anteil am Scheitern dieser Beziehung war: Habe ich etwas übersehen, nicht wahrgenommen oder verdrängt? Habe ich vielleicht manches nicht gelebt in dieser Beziehung? Konnte ich manches nicht akzeptieren? Formulieren Sie dies nicht als Selbstvorwurf, sondern als eine Möglichkeit, dass Sie an Ihre eigenen Grenzen oder an die Grenzen Ihres Partners gestoßen sind.

Wohnraum neu gestalten

Lösen Sie sich von allen Ankern, die Sie an den Ex-Partner erinnern und die schmerzliche Gefühle in Ihnen auslösen. Sie müssen diese Dinge nicht gleich entsorgen, aber räumen Sie die Sachen aus Ihrem Blickfeld. Vielleicht schaffen Sie es auch, Ihre Wohnung umzuräumen oder neu zu gestalten.

Dritte Phase: Vernichtung/Zerstörung

Die erste Kränkung ist die Trennung, die zweite Kränkung entsteht oftmals durch das erfolglose Bemühen um den geliebten Menschen. Das heißt, zuerst wurde die Beziehung zerstört, und jetzt auch noch die Hoffnung auf einen Neubeginn. Das zweite »Nein« führt dann in vielen Fällen zu Wut, Hass und Rachegedanken. Wir können überschwemmt werden von zerstörerischen Gedanken, die sich gegen den geliebten Menschen richten, aber auch gegen uns selbst. Selbstschädigendes Verhalten bis hin zu Suizid kann auftreten. »Ich habe mich für dich aufgeopfert, habe dir meine besten Jahre geschenkt, habe wegen dir auf dieses oder jenes verzichtet, meine Ehe aufgegeben« und vieles mehr. »Auge um Auge, Zahn um Zahn« lautet die Devise. Tausende Fragen quälen uns den ganzen Tag, endlose Warum-Schleifen bis hin zur völligen Erschöpfung. Zerstörungsphantasien sind jetzt der Mittelpunkt unserer Gedankenwelt.

♥
♥
♥ »Was-wäre-wenn-Fragen« sind in Wahrheit Inszenierungen von Selbstquälerei und bringen keinesfalls die erhoffte Erlösung.

Raus aus der Opferrolle

Sie kommen in Aktion und verlassen die Opferrolle.
Sie rebellieren und stehen auf. Dies kann als Versuch
interpretiert werden, zur eigenen Stärke zurückzu-
finden (»Ich lasse mir nicht alles gefallen, was glaubt
er eigentlich?« etc.). Lassen Sie den Schmerz zu, um
neben der Trauer auch ein Ventil für Ihre Wut zu
haben. Nach der Überidealisierung kann es schließlich
zur Abwertung des Ex-Partners kommen. Zerstörungs-
gedanken sind oft die Folge. In Gedanken darf alles
passieren. In der Realität achten Sie darauf, dass niemand zu Schaden kommt, auch Sie selbst nicht, indem
Sie Ihre Rachegedanken in die Tat umsetzen.

Geben Sie Ihrem Zorn Raum, lassen Sie Ihre Rachegedanken zu. So können Sie Ihrer Wut, Ihrer Enttäuschung Ausdruck verleihen. Schlagen Sie auf ein Pols-
ter ein, werfen Sie einen Teller an die Wand, sofern
Ihr Herz nicht daran hängt. Laufen Sie in den Wald,
schreien Sie. Reagieren Sie sich ab. Schimpfen Sie sich
frei. Achten Sie in dieser Phase darauf, dass Sie sich
mit Menschen umgeben, die Ihnen ein gewisses Wohlwollen entgegenbringen und Ihre Aggressionsausbrü-
che nicht persönlich nehmen, sondern als Ausdruck
Ihrer Enttäuschung sehen.

So verständlich Ihre Aggression auch sein mag – wenn
Sie sich selbst oder anderen schaden, entsteht noch zu-
sätzliches Leid!

Vierte Phase: Verzweiflung/Aussichtslosigkeit/Niederge-
schlagenheit

Wut, Hass und Rachegedanken schlagen jetzt in Verzweiflung um. Unsere Selbstzweifel nagen stetig an unserem
Selbstwertgefühl. Die Palette reicht hier von Traurigkeit,
Niedergeschlagenheit, Erschöpfung, bis hin zur Depression.
Stillstand, Aussichtslosigkeit und Handlungsunfähigkeit
sind in dieser Phase deutlich spürbar. Unsere Gefühle drehen
sich jetzt mehr um uns selbst. Schuldgefühle und Gefühle
der Unfähigkeit können hier stark zum Ausdruck kommen.
Diese Phase kommt einer Sinnkrise gleich, in der Sie in sehr
schmerzhafter Weise erfahren, dass alles, was bisher für Sie
von zentraler Bedeutung war (Partner, Zuhause, Gemeinsamkeiten...), nicht mehr vorhanden ist. Sie haben das Gefühl,
ohne all das sei Ihr Leben bedeutungslos, schal und leer. Das
alte Leben ist vorbei, ein neues nicht in Sicht, und Sie haben
das Gefühl, in einem Vakuum gefangen zu sein.

Setzen Sie sich verstärkt mit der Frage auseinander:
Was gibt meinem Leben Sinn, Befriedigung, Bedeutung, Inspiration...?

Führen Sie folgende Experimente durch:
• Gehen Sie ganz bewusst aus dem Haus, schauen Sie
andere Menschen an. – Nehmen Sie diese noch wahr?
• Gehen Sie in die Natur, schauen Sie sich um. –
Nehmen Sie die Natur noch wahr?

♥ Unternehmen Sie etwas, was Sie in Ihrer Beziehung lange vernachlässigt haben: alte Hobbys, Tagträumereien, was hat Ihnen als Kind, Jugendlicher Spaß gemacht?

♥ Nehmen Sie sich Zeit für die Sinnsuche in Ihrem Leben. Wenn Sie Vertrauenspersonen haben, mit denen Sie dies besprechen können, nutzen Sie das. Versuchen Sie aus der Verzweiflung in die Klärung zu gehen, von der Aussichtslosigkeit in die Wahrnehmung positiver Dinge, von der Niedergeschlagenheit zur Lebendigkeit. Setzen Sie sich kleine und große Ziele. Wählen Sie Ihr eigenes Tempo, lassen Sie sich Zeit, seien Sie geduldig mit sich. Nehmen Sie diesen Prozess des Heilens an.

Fünfte Phase: Neuorientierung

Die Traurigkeit ist noch immer da, aber durch die vermehrte Distanz zu dem geliebten Ex-Partner wird unser Blick wieder klarer, und es gibt Momente der Hoffnung. Unsere Gefühle und Gedanken sind geordneter, Ideen blitzen immer öfter auf, und Zukunftsgedanken machen sich breit.

Wenn Sie für eine Neuorientierung in Ihrem Leben bereit sind, beginnen Sie Ihre Visionen und Träume, die Sie wahrgenommen haben, in die Tat umzusetzen. Übernehmen Sie wieder mehr Verantwortung für Ihr

Leben. Orientierung heißt auch, den Ideen eine reale Basis zu bieten. Nehmen Sie wieder mehr am Leben teil, experimentieren Sie mit Kontakten, Hobbys, schaffen Sie neue Gewohnheiten.

Die Trauerphasen sind bei uns allen verschieden, sowohl in der Intensität als auch in der Dauer der einzelnen Phasen. Zusätzlich können körperliche Beschwerden auftreten, z. B. Nervosität, Unruhe, Panik, Schlafstörungen, Essstörungen, diverse Schmerzsymptomatiken, Aufmerksamkeits- und Konzentrationsstörungen.

Wie intensiv wir den Liebeskummer nach Trennungen erleben, hängt sehr stark davon ab, wie sehr wir unser Leben von unserer Partnerschaft abhängig gemacht haben. Je unselbstständiger wir unser Leben in der Beziehung geführt haben, desto intensiver wird der Loslösungsprozess sein.

Auch bezüglich der Interpretation eines negativen Ereignisses wie einer Trennung, und auch was die Verarbeitung betrifft, gibt es Unterschiede. Die einen neigen dazu, die Trennung mithilfe verschiedenster Aktivitäten zu verdrängen, wobei sie Gefahr laufen, ihren Kummer viel zu lange mit sich herumzutragen und in die nächste Partnerschaft mitzunehmen. Andere Menschen wiederum befassen sich gleich nach der Trennung intensiv mit dem Gefühl des Liebeskummers. Sie trauern zwar zunächst sehr stark, sind aber dadurch zu einem früheren Zeitpunkt in der Lage, sich vom Liebeskummer zu lösen, womit sie einen großen Schritt in

Richtung persönliche Weiterentwicklung und Lebenszufrie-
denheit gemacht haben. Eine zukünftige Beziehung wird
durch den ehemaligen Liebeskummer nicht mehr belastet,
sondern das Gegenteil ist der Fall: Die neue Partnerschaft
kann aufgrund der Erfahrungen aus der Vergangenheit und
deren Bewältigung nur profitieren.

Eine Zeit lang alleine zu leben kann durchaus eine sehr
hohe Lebensqualität mit sich bringen. Sich gleich nach dem
Ende einer Beziehung in die nächste zu stürzen, ohne die
Probleme der alten Partnerschaft aufgearbeitet zu haben,
kann ins Auge gehen. Achten Sie in erster Linie auf sich
selbst, machen Sie Dinge, die Ihnen guttun. Trösten und
trösten lassen heißt es jetzt. Machen Sie alles was Ihnen
Linderung und Erleichterung bringt. Vielleicht fallen Ihnen
auch Aktivitäten ein, auf die Sie während Ihrer letzten Beziehung aus Liebe zu Ihrem Partner verzichtet haben, zum Beispiel alte Freunde treffen, tanzen lernen, eine Reise machen,
etc.

Auch auf der Handlungsebene finden wir unterschiedliche
Ausdrucksweisen, von totalem Rückzug bis hin zum erschöpfenden Aktivitätszuwachs.

Das Fatale am Seelenschmerz ist, dass viele in eine resignative Haltung verfallen. Aktivitäten, die vorher Freude gebracht und gut getan haben, werden eingestellt oder ganz
aufgegeben. Gerade diese eingestellten Aktivitäten könnten
in den emotional misslichen Phasen unseres Lebens außerordentlich guttun und hilfreich sein, wobei es wichtig ist,
sich der Trauer zu stellen und sich bei Bedarf zurückzuziehen. Ähnlich wie bei einer körperlichen Krankheit, bei der

das Schlaf- und Ruhebedürfnis für den Heilungsprozess notwendig ist. Um aber nicht in eine Starre zu verfallen, halten wir die »So-tun-als-ob-Strategie« für hilfreich. Auch wenn die Lust auf Aktivitäten oder Freunde zu treffen nicht so groß ist, überwinden Sie sich immer wieder, um in Bewegung und Kontakt zu bleiben. Treffen Sie sich – wenn Sie nach kurzer Zeit wieder nach Hause wollen, ist es ok. Probieren Sie es immer wieder.

Reden als Erleichterung und Klärung

»Ich muss mir die Geschichte von der Seele reden« ist ein Satz, der von Betroffenen sehr oft kommt.

Wir Menschen sind soziale Wesen, und der soziale Kontakt läuft vorwiegend über die verbale Kommunikation. Über seinen Schmerz zu reden kann das Gedanken- und Gefühlschaos ordnen und die Chancen auf Entlastung und Klärung erhöhen.

Achten Sie dabei bewusst auf Ihre Rede: Wenn Sie über Ihren Schmerz sprechen, sind Sie dabei mit Ihrem Herzen und Ihrer Seele verbunden? Was überwiegt in diesen Gesprächen – Leid, Wut, Traurigkeit oder Sehnsucht, Liebe und Versöhnung?

Achten Sie auf Ihr Gefühl, wem Sie Ihr Vertrauen schenken und mit wem Sie Ihren Schmerz teilen wollen. In vielen Fällen ist die Familie oder der Freundes- und Bekanntenkreis ausreichend, um den Weg aus der Krise zu finden. Je fürsorglicher Sie mit sich umgehen, Ihre Wünsche, Bedürfnisse und Grenzen kennen und achten, desto besser werden Sie mit Trennungen umgehen.

In anderen Fällen liegt der Schmerz vielleicht doch tiefer

und hängt eventuell noch mit einer Selbstwertproblematik oder mit tieferen Schichten Ihrer Lebensgeschichte zusammen. Dann empfehlen wir professionelle Hilfe!

Liebeskummer und Freundschaft

Freundschaften, Familie und sonstige Vertrauenspersonen leisten häufig einen wesentlichen Beitrag auf dem Weg zu unserer Heilung. Nutzen Sie diese Quellen, aber bringen Sie diesen Menschen auch Wertschätzung entgegen. Manuela macht seit Wochen nichts anderes, als auf ihr Telefon zu starren. Endlich läutet es, sie hebt ab und sagt enttäuscht: »Ach, du bist es nur.« Am anderen Ende der Leitung ist ihre Freundin Kathy, die sie täglich anruft und seit geraumer Zeit für sie da ist. Sie lässt sich ihre Enttäuschung nicht anmerken und versucht, Manuela aufzubauen und zu beruhigen. Dass sie selbst gerade Sorgen hat, lässt sie sich nicht anmerken. Wie lange wird Kathy diese Situation noch durchhalten – im Namen der Freundschaft?

Schauen Sie sich um, weltweit geht es immer um die Liebe. Das am häufigsten besprochene Thema ist die Liebe, genauer gesagt das Suchen, Finden und Verlieren der Liebe. Wir alle kennen den Plagegeist »Liebeskummer« und den Drang, den er erzeugt, über ihn zu reden, ihn zu zerpflücken, ihn bis ins kleinste Detail zu analysieren, um dann wieder von Neuem zu beginnen. Das vergiftet uns selbst, aber nach und nach auch unsere Freundschaften und andere Kontakte. Die Dosis macht das Gift. Gute Freunde sind füreinander da, aber wenn in einer Freundschaft nur noch Leid und Schmerz Platz haben, besteht die Gefahr, dass diese Freundschaft irgendwann gefährdet wird und im schlimmsten Fall in die Brüche geht. Versuchen Sie, in Ihrem Schmerz daran zu denken, dass Ihr Gegenüber auch ein Leben hat, vielleicht sogar gerade frisch verliebt ist, Sorgen hat etc. Eine gewisse Zeit nimmt sich jeder gerne zurück, aber eben nur eine gewisse Zeit.

Leidenssituationen schaffen oft Nähe zu anderen Leidensgenossen, aber achten Sie darauf, ob das Leid oder die Lösung im Vordergrund steht. Es gibt Menschen, die einfach nur ihr Leid breittreten und immer mehr ausbreiten und bei jedem Lösungsangebot wieder verschwinden. Diese fortlaufende Problembeschreibung führt zu einer Vertiefung und Verfestigung des Leids. Begegnen Sie Menschen, die ständig um Hilfe schreien und im Grunde lösungsresistent sind und jegliches Angebot ablehnen, folgendermaßen: Sagen Sie, dass Sie gerne für den Heilungs- und Leidensprozess zur Verfügung stehen, aber nicht ohne Aussicht auf Klärung und Lösung.

Achten Sie auch auf Eigeninteressen Ihres Freundeskreises. Das heißt, es kann vorkommen, dass der beste Freund gerade getrennt oder geschieden ist und Sie selbst noch unsicher sind, was eine Trennung betrifft, und plötzlich viele Unkenrufe gegen Ihren Partner laut werden, weil es doch sehr praktisch wäre, zu zweit als Single durchs Leben zu gehen. In diesem Fall bitten Sie eine neutrale Person um Rat.

Auch in der Liebe gilt: »Erfolg ist ansteckend!« Wenn Sie sich ausschließlich mit Menschen umgeben, die Ihr Leid teilen, bekommen Sie zwar die Bestätigung, dass Sie mit dem Schmerz nicht alleine sind, werden aber höchstwahrscheinlich keine Lösung finden. Wenn der Schmerz nachlässt und Sie eine Partnerschaft, Familie und Kinder wollen, dann holen Sie sich Rat von Menschen, die eine glückliche Beziehung führen oder in stabilen Familiensystemen leben.

Trennung und Schuld

Die Schuldfrage eignet sich hervorragend, um die Übernahme von Verantwortung zu vermeiden. Schuld löst jedoch langfristig keine angenehmen Gefühle in uns aus, sondern führt uns schnell in Wut oder Traurigkeit, Verzweiflung und Ratlosigkeit. »Er ist schuld, dass es mir jetzt so geht, weil ich mein Leben nicht im Griff habe. Er hat mir das angetan, er ist schuld daran, dass ich keine Kinder bekommen habe«, etc.

Fragen, die Sie sich stellen sollten:

- ♥ Wo liegt meine Verantwortung in dieser Beziehung bzw. an ihrem Ausgang?
- ♥ Was habe ich zugelassen?
- ♥ Wo habe ich weggeschaut?
- ♥ Wo habe ich geschwiegen, wo habe ich »ja« gesagt und »nein« gemeint?

♥
♥ Schuldzuweisungen verhindern Verantwortung.
♥

Schuldzuweisungen führen uns rasch in die Opferrolle, lassen uns verzweifeln und blockieren uns auf unserem Heilungsweg. Wenn wir aber Verantwortung übernehmen und unseren Anteil näher betrachten, werden wir offen für die Herausforderungen des Lebens und können so Antworten finden, die zu einer Lösung führen.

Heilsame Nähe zum Ex-Partner?

»Wir verstehen uns so gut und ich kann so gut mit ihm reden«, »Bevor ich mit jemand anderem Sex habe, dann doch lieber mit dem Ex-Partner, und wer weiß, vielleicht schaffen wir durch die körperliche Nähe wieder einen Neustart«.

Vorsicht! Diese Strategie wird den Trauerprozess erschweren. Wenn es immer wieder Kontakte gibt, vor allem auch sexuelle, werden alte Wunden aufgerissen, die dann mühevoll versorgt werden müssen. Häufig kommt es vor, dass der Ex-Partner weiterhin Kontakt haben möchte und auch die Sexualität mit Ihnen leben will. Dies kann Ihre Hoffnung auf einen Neuanfang nähren. Vielleicht schmeichelt Ihnen sein Interesse, aber achten Sie auf sich. Stellen Sie sich die Frage, ob diese Kontakte Sie wirklich wieder näherbringen, oder ob es Ihrem Ex-Partner nur darum geht, seine Lust zu befriedigen.

Schützen Sie sich! Bringt dieser Kontakt Trost oder verlängert er nur Ihr Leid? Wenn es keine Hoffnung auf einen Neuanfang gibt, lösen Sie sich bitte und brechen vorerst den Kontakt ab. Andernfalls erhöhen Sie nur Ihr Leiden, denn eine Wunde, die Sie ständig aufreißen, kann nicht heilen.

Aber auch wenn Sie Ihren Ex-Partner immer wieder mit »Wut-Attacken« begegnen, SMS oder E-Mails schreiben, Ihre Verzweiflung ins Telefon schreien, wird das langfristig keine Heilung bringen, sondern nur weiter Ihr Leid nähren und ausbreiten.

Trennen und Trösten

Mitunter kann es vorkommen, dass es zu Treffen kommt, um den verlassenen Partner oder sich gegenseitig zu trösten.

Nein! Bitte holen Sie sich den Trost von anderen Personen. Weder der Partner, der Sie verlassen hat, kann Sie trösten, noch können Sie den Partner, den Sie verlassen haben, trösten!

Heilung in vier Schritten:

1. Stopp!
Beenden Sie einen Leidenszustand. Beenden Sie eine schmerzhafte Beziehung oder brechen Sie vorerst den Kontakt zum Ex-Partner ab.

2. Ruhe!
Kommen Sie zur Ruhe. Lassen Sie sich trösten – aber nicht vom Ex-Partner!

3. Pause!
Machen Sie Pause. Gehen Sie auf Distanz zu verletzenden Menschen, Erlebnissen und Gedanken.

4. Heilung!
Tun Sie Dinge, die Ihnen Frieden, Freude und Entspannung bringen. Achten Sie darauf, dass Sie sich mit Menschen umgeben, bei denen Sie sich wohlfühlen. Erst nach den ersten drei Schritten kann die Heilung einsetzen.

Sollte Ihr Partner eine neue feste Partnerschaft eingegangen sein und Sie überlegen, um ihn zu kämpfen, überlegen Sie sich das sehr gut. Sie werden so die neue Partnerin bestärken im Sinne ihrer Partnerwahl, und Ihr Partner wird sich vielleicht geschmeichelt fühlen, doch in den seltensten Fällen lässt er sich umstimmen.

Abhängigkeit und Entzug

Unterschätzen Sie nicht die körperliche Anziehungskraft und die Abhängigkeit, die damit verbunden sein kann. Geruch, Stimme, Aussehen, Sexualität können uns sehr an einen Menschen binden und uns jegliche Hoffnung und Vorstellungskraft nehmen, jemals wieder einen anderen und passenderen Partner zu finden. Gehen Sie der Versuchung, dem geliebten Menschen zu nahezukommen, die erste Zeit aus dem Weg, auch wenn der Partner widersprüchliche Signale aussendet. »Komm her, geh weg«-Inszenierungen sind am Anfang einer Trennung häufig anzutreffen. Noch ein Treffen, noch eine Entschuldigung, noch eine Erklärung, noch einmal gemeinsamer Sex – und Sie kommen nie aus dem Dilemma. Gehen Sie auf Entzug! Wenn Sie merken, dass mit jedem Kontakt Ihre Wunden wieder aufreißen, dann verhängen Sie eine Kontaktsperre. Gehen Sie nicht ans Telefon, beantworten Sie keine Mails oder SMS, seien Sie nicht verfügbar. Schreiben Sie selbst auch keine Mails oder SMS. Löschen Sie die Daten und rufen Sie lieber einen Freund an. Nach mindestens acht Wochen ohne Kontakt werden Sie sich daran gewöhnen, und es wird mit jedem Tag leichter. Mit jedem neuerlichen Kontakt ohne Klärung und Lösung verlängern Sie Ihr Leid und blockieren den Heilungsprozess.

Wie gehe ich mit Informationen vom Ex-Partner eines Freundes um?

»Ich habe den besten Freund des Ex-Mannes meiner Freundin getroffen, und er hat mir erzählt, dass es dem Ex-Mann meiner Freundin gut geht und er eine neue Freundin hat«, erzählt Elisabeth. »Soll ich das meiner Freundin erzählen?«, fragt sie unsicher. »Vielleicht hilft ihr das, dass sie ihn endlich loslassen kann, ich weiß, dass sie immer noch hofft«, sagt sie.

Manchmal kommen wir in solche oder ähnliche Situationen und wissen nicht, wie wir mit diesen Informationen umgehen sollen. Vielleicht hilft Ihnen die folgende Geschichte weiter. Von Sokrates, dem Lehrer von Platon und Aristoteles, wird folgende Geschichte erzählt:

Die drei Filter des Sokrates

»Weißt du, was ich gerade über einen deiner Freunde hörte?«, fragte ein Bekannter.

»Moment mal«, sagte Sokrates. »Bevor du mir irgendetwas erzählst, möchte ich mit dir einen kleinen Test machen. Er wird der ›dreifache Filter‹ genannt.«

»Dreifacher Filter?«, fragte der Mann.

»Ja«, sagte Sokrates, »so heißt dieser Test. Bevor du mir über meinen Freund etwas erzählst, möchte ich, dass du das, was du sagen willst, drei Mal filterst. Der erste Filter ist der der Wahrheit. Bist du dir wirklich sicher, dass das, was du mir erzählen willst, wahr ist?«

»Nein«, sagte der Mann, »ich hatte das gerade gehört
und wollte es dir einfach weitergeben.«

»Gut«, sagte Sokrates. »Du weißt also nicht, ob es
wirklich wahr ist. Lass uns nun den zweiten Filter anwenden, den der Güte. Ist das, was du mir über meinen Freund erzählen willst, etwas Gutes?«

»Nein, im Gegenteil«, sagte der Mann, »es ist etwas
Schlechtes.«

»Also«, fuhr Sokrates fort, »du willst mir über ihn
etwas Schlechtes erzählen und du bist dir nicht sicher,
ob es wahr ist. Du kannst den Test trotzdem noch
bestehen, denn es gibt noch einen dritten Filter, den
des Nutzens. Ist das, was du mir über meinen Freund
sagen willst, für mich nützlich?«

»Nein, nicht wirklich«, antwortete der Mann.

»Dann«, schloss Sokrates, »wenn das, was du mir
sagen willst, nicht unbedingt wahr, nicht gut und auch
nicht nützlich ist, dann belaste uns beide nicht damit.«

Achten Sie ganz genau darauf, ob eine Geschichte
wahr, gut und nützlich für den Heilungsprozess ist. Es
gibt keine allgemein gültige Regel, was wir in solchen
Situationen erzählen sollen und was nicht. Es geht um
das Abwägen der drei Qualitäten und um Ihr Gefühl
und die Beziehung zu dem leidenden Menschen.

Wie lange darf ich leiden?

Immer wieder wird über die Dauer, die es brauchen darf, bis eine Trennung verarbeitet ist, spekuliert. Es gibt für uns weder eine Formel noch eine allgemein gültige Regel, wie lange ein Trauerprozess bestenfalls dauern sollte. Auch hier unterscheiden wir uns sehr stark. Achten Sie auf das Gleichgewicht zwischen gemeinsam verbrachter Zeit und dem Trennungsschmerz. Wenn Sie zum Beispiel sechs Monate oder kürzer miteinander verbracht haben und ein Jahr später noch immer keine Besserung des Kummers eintritt, dann sollten Sie vielleicht doch an professionelle Unterstützung denken.

Um eine Trennung zu verarbeiten, den Verlust eines geliebten Menschen zu bewältigen, benötigen wir Zeit. Wir müssen die Trennung verdauen. Wichtige hilfreiche Faktoren sind unser Selbstwertgefühl, unser soziales Netzwerk, Eigenständigkeit sowie eigene Interessen und Aktivitäten, die uns begeistern und begeistert haben. Je ausgeprägter diese Faktoren sind, desto schneller wird der Heilungsprozess abgeschlossen sein. Wenn Sie Ihr Glück und Ihre Lebensbestimmung an Ihrem Ex-Partner festmachen, wird es ein zeitintensiver Prozess werden.

Raus aus der Verbitterung

Viele Menschen sind in ihrer Opferrolle derart gefangen, dass ihr Leiden zum Lebensinhalt geworden ist. Über alle negativen Ereignisse wird ein Vergrößerungsglas gelegt und dementsprechend kommentiert: »Ist ja logisch, dass mir das passiert, dass ich keinen Parkplatz finde, den schlechteren Sitzplatz im Flugzeug bekomme, ich Grippe habe und nicht mein Kollege, dass bei mir eingebrochen wird, dass ich einen Strafzettel bekomme und verlassen werde.« Eine Trennung kann also häufig Bestandteil einer größeren Leidensinszenierung sein. Menschen, die ein ewiges Opferdasein führen, haben somit ein gutes Argument für das Leiden als Sinnstiftung in ihrem Leben.

Daher ist es auch hier wesentlich, darauf zu achten, durch welche Brille Sie sehen und ob das Leid oder die Lösung in Ihrem Blickfeld liegt. Seien Sie ehrlich. Zu welcher Kategorie zählen Sie sich? Zu den ewigen Jammerlappen oder zu jenen, die auch in scheinbar ausweglosen Situationen ihre Zuversicht bewahren und die Hindernisse im Leben als Herausforderung betrachten und sich diesen stellen?

Was verliere ich, was verändert sich?

Wir verlieren mit der Trennung nicht nur den geliebten Menschen an unserer Seite, die gemeinsame Identität (das »Wir«), sondern auch noch:

- den gemeinsamen Haushalt – gemeinsame Umgebung
- gemeinsame Aktivitäten, Freunde, Familienkreis
- Gewohnheiten, Rituale, Lebenspläne
- den ungezwungenen und selbstverständlichen Kontakt mit den Kindern
- die Möglichkeit, eigene Kinder zu bekommen (Alter)

Haben Sie die Trennung akzeptiert, den Kontakt zu Ihrem Ex-Partner reduziert, Ihre Wut und Traurigkeit im Griff? Gibt es Ideen, Wünsche und Visionen, die Sie gerne umsetzen möchten? Fühlen Sie sich bereit für Veränderung? Dann beginnen Sie damit in Ihrem eigenen Tempo.

Wohnraum

Falls Sie ausgezogen sind, richten Sie Ihr neues Zuhause gemütlich ein. Ihre Wohnung ist Ihr Rückzugsort, ein Platz, wo Sie sich wohl- und geborgen fühlen sollen. Wenn Sie aber in der ehemaligen gemeinsamen Wohnung verblieben sind, dann misten Sie aus. Vielleicht wollten Sie schon seit Längerem andere Möbel, Dekorationen und Farben in Ihr Heim bringen. Toben Sie sich aus, gestalten Sie Ihr neues Heim nach Ihren eigenen Vorstellungen. Wenn Sie getrennt gewohnt haben, aber Ihr Ex-Partner viel Zeit in Ihrer Wohnung verbracht hat und sich im Laufe der Zeit einige Erinnerungsstücke angesammelt haben, entfernen Sie diese zunächst aus Ihrem Sichtfeld. Sie müssen diese nicht sofort entsorgen. Oft ist es hilfreich, wenn Sie Ihre Wohnung umstellen, neu dekorieren und ein neues Bett oder andere Gegenstände kaufen.

Aktivitäten

Falls Sie gemeinsame Hobbys hatten oder in einem Verein waren, überlegen Sie, ob Sie eine Zeit lang pausieren oder den Verein wechseln möchten.

Was machen Sie sonst gerne? Welche Hobbys, Interessen haben Sie während der Beziehung vielleicht vernachlässigt oder sogar aufgegeben? Überlegen Sie, was Sie vielleicht schon immer gerne gemacht hätten und nicht gemacht haben, weil Sie sich nicht getraut oder Rücksicht auf Ihren

Partner genommen haben. Vielleicht gibt es neue Impulse oder Ideen? Tun Sie, was Ihnen Spaß und Freude macht.

Freundeskreis

Auch hier wird sich nach der Trennung einiges ändern. Vielleicht verlieren Sie Menschen, die sie lieb gewonnen haben, vielleicht gewinnen Sie aber auch neue Menschen durch neue Aktivitäten hinzu. Oft kommt auch Erleichterung auf, weil Sie Personen, die Sie nur »ertragen« haben, nicht mehr sehen müssen. Vielleicht intensivieren sich manche Kontakte wieder. Alles ist möglich. Nehmen Sie die Veränderung an. Knüpfen Sie neue Kontakte. Achten Sie aber darauf, dass nicht Leidensgemeinschaften entstehen, die den Kummer mit der Liebe vertiefen oder verlängern. Wenn Sie eine glückliche Partnerschaft möchten, machen Sie sich selbst glücklich.

Gewohnheiten, Rituale, Gemeinsamkeiten

Schaffen Sie neue Gewohnheiten und Rituale. Oft passen wir uns dem Partner an: Schlafrhythmus, Essenszeiten, Ordentlichkeit. Sie sind jetzt frei und können wieder Ihr Tempo leben und Ihren Haushalt und Lebensstil so führen, wie Sie gerne möchten. Sie können fernsehen, was und wann Sie wollen, oder das TV-Gerät endlich wieder loswerden, das Sie eigentlich nur wegen Ihres Partners angeschafft haben. Genießen Sie die Musik, die Sie vielleicht weniger oder gar nicht mehr gehört haben. Vermeiden Sie aber gemeinsam besuchte Plätze, Cafés oder Restaurants nicht, besetzen Sie diese emotional neu. Gehen Sie mit lieben Freunden in das ehemalige Lieblingsrestaurant. Dann können Sie sagen, das letzte Mal war ich mit Freunden dort, und es war ein lustiger Abend.

Veränderungen im Kontakt mit den Kindern

Je nach Regelung verbleiben Kinder nach einer Scheidung oder Trennung bei einem Elternteil. Der andere Elternteil hat in den meisten Fällen alle 14 Tage ein Besuchsrecht. Das heißt, für einen Teil kommt es häufig zur Überforderung durch den Status »Alleinerziehung«, für den anderen Teil kann es durch mangelnden Kontakt zu Verlustgefühlen kommen. Lesen Sie bitte weiter im Kapitel »Trennung und Kinder«.

Der Umstand, keine eigenen Kinder mehr bekommen zu können

Besonders schmerzhaft ist es für eine Frau, wenn es zur Trennung kommt und sie bereits in einem Alter ist, in dem eine Schwangerschaft besonders risikoreich oder sogar unmöglich wird. Falls Sie wirklich keine Chance mehr für sich sehen, söhnen Sie sich mit diesem Umstand aus. Ihr Leben macht auch Sinn, wenn Sie keine Kinder haben oder bekommen werden.

Männer haben es einfacher, Kinder zu zeugen, indem sie länger fruchtbar sind. Zu erwähnen ist aber, dass es einen Zusammenhang zwischen dem Alter eines Mannes und dem Risiko eines ungesunden Kindes gibt.

Sollte es in erster Linie aber nicht darum gehen, einen Partner für Ihr Herz zu finden?

> Lassen Sie sich Zeit, gehen Sie in Ihrem Tempo!
> Eine Trennung bedeutet einen Verlust und bringt viele Veränderungen, Herausforderungen und Chancen mit sich – stellen Sie sich diesen!

Trennung und Kinder

Für Kinder sind Trennungen ein sehr prägendes Ereignis. Viele Kinder retardieren in solchen Situationen. Zum Beispiel können ältere Kinder wieder mit dem Einnässen, Daumenlutschen oder sonstigen Verhaltensauffälligkeiten beginnen. Aber auch für Jugendliche, die sich gerade in der Pubertät befinden und ihre ersten Erfahrungen mit der Liebe machen, sind Trennungen ein unglaublicher Belastungsfaktor.

Was immer Sie in der Trennungsphase zu entscheiden haben, lassen Sie sich von der Idee »zum Wohle der Kinder« leiten!

- Klären Sie die Trennungssituation mit Ihrem Ex-Partner und nicht über die Kinder.
- Reden Sie im Beisein der Kinder nie schlecht über den anderen Elternteil, weder im Gespräch mit dritten Personen noch direkt zu den Kindern. Ihr Kind ist weder Ihr Beichtvater noch Ihr Therapeut!
- Sollte es einen neuen Partner an der Seite Ihres Ex-Partners geben, dann verlieren Sie ebenfalls kein schlechtes Wort über diese Person.
- Je nach Alter der Kinder: Setzen Sie sich mit Ihren Kindern zusammen und besprechen Sie gemeinsam die Situation und die weitere Vorgehensweise.
- Falls nötig, lassen Sie sich beraten und begleiten. Erwägen Sie auch eine familientherapeutische

Begleitung. Sollten Ihre Kinder Unterstützung brauchen, erkundigen Sie sich bezüglich spezieller Einrichtungen in Ihrer Nähe.

♥
♥ Sie können zwar Ihre Partnerschaft auflösen, die Elternschaft
♥ bleibt jedoch Ihr ganzes Leben aufrecht.

Mögliche Erkrankungen und Liebeskummer

Die »Internationale statistische Klassifikation der Krankheiten und verwandter Gesundheitsprobleme« (ICD-10) wurde von der Weltgesundheitsorganisation (WHO) erstellt und im Auftrag des Bundesministeriums für Gesundheit auf Deutsch herausgegeben. Dieses Werk dient der Diagnostik und Klassifikation psychischer Störungen.

Da im Zusammenhang mit Liebeskummer, vor allem nach Trennungen, immer wieder bestimmte psychische Störungsbilder auftreten, möchten wir diese näher betrachten.

Akute Belastungsreaktion
Im Falle von Trennungen, Scheidungen oder Todesfällen, aber auch nach Katastrophen, Unfällen, Verbrechen, Vergewaltigung und Kündigung können bei Menschen unter anderem folgende Reaktionen auftreten:

- Angstsymptome
- Gefühl der »Betäubung«
- Bewusstseinseinengung
- Desorientierung
- Unfähigkeit bzw. Überforderung, Reize zu verarbeiten
- Unruhezustand mit Überaktivität
- Suizidgefahr
- Einschränkung der Urteilsfähigkeit

Die Symptome erscheinen im Allgemeinen innerhalb von Minuten nach dem belastenden Ereignis und bilden sich laut den Experten der Weltgesundheitsorganisation innerhalb von zwei bis drei Tagen, oft innerhalb von Stunden wieder zurück. Sollten Sie aber das Gefühl haben, dass diese Symptome nicht nach und nach verschwinden, suchen Sie bitte umgehend einen Hausarzt oder besser einen Facharzt (Psychiater) auf.

Anpassungsstörungen

Hier geht es um Zustände von subjektivem Leiden und emotionaler Beeinträchtigung, die soziale Funktionen und Leistungen behindern. Diese Zustände treten nach einer entscheidenden Lebensveränderung, nach einem belastenden Lebensereignis oder auch nach schwerer körperlicher Krankheit auf. Die individuelle Disposition oder Vulnerabilität spielt bei dem möglichen Auftreten eine größere Rolle als bei der akuten Belastungsreaktion. Es ist davon auszugehen, dass das Krankheitsbild ohne die Belastung nicht entstanden wäre.

Die Anzeichen umfassen:

- ♥ depressive Stimmung
- ♥ Angst
- ♥ Besorgnis (oder eine Mischung von diesen)
- ♥ ein Gefühl, unmöglich zurechtzukommen, vorausplanen oder in der gegenwärtigen Situation fortfahren zu können
- ♥ Einschränkung bei der Bewältigung der alltäglichen Routine

Die Störung beginnt im Allgemeinen innerhalb eines Monats nach dem belastenden Ereignis oder der Lebensveränderung. Die Symptome halten meist nicht länger als sechs Monate an, außer bei der längeren depressiven Reaktion.

Trennung und Depression

Trennungen, vor allem wenn sie ungewollt und überraschend passieren, gehen häufig mit einer depressiven Verstimmung einher. Das heißt, wir fühlen uns niedergeschlagen, traurig, sehen keinen Sinn mehr in unserem Leben. Der Kummer lässt uns schlecht bis gar nicht schlafen. Unser Essverhalten verändert sich, wir fühlen uns antriebs- und kraftlos. Dies sind zunächst alles gewöhnliche Reaktionen und Zustände nach einer Trennung.

Wenn es uns aber nicht gelingt, diesen Schmerz zu verarbeiten, und wir immer tiefer in die Leidensspirale abdriften, dann kann sich aus der depressiven Verstimmung eine klassische Depression entwickeln. »Was ist eigentlich eine Depression?«, ist eine häufig gestellte Frage im Zusammenhang mit Trennungen, ebenso die Frage »Habe ich eine Depression?«. Aus diesem Grund erläutern wir das Thema »Depression« etwas ausführlicher.

Die depressiven Episoden

Hier wird folgendermaßen unterschieden:

- leichte depressive Episode
- mittelgradige depressive Episode
- schwere depressive Episode

Die betroffene Person leidet für gewöhnlich unter:

- gedrückter Stimmung
- Interessenverlust
- Freudlosigkeit
- Verminderung des Antriebs

Die Verminderung der Energie führt zu einer erhöhten Ermüdbarkeit und Aktivitätseinschränkung.

Andere häufige Symptome sind:

1. Verminderte Konzentration und Aufmerksamkeit
2. Vermindertes Selbstwertgefühl und Selbstvertrauen
3. Schuldgefühle und Gefühle von Wertlosigkeit (sogar bei leichten depressiven Episoden)
4. Negative und pessimistische Zukunftsperspektiven
5. Suizidgedanken, erfolgte Selbstverletzungen oder Suizidhandlungen
6. Schlafstörungen
7. Verminderter Appetit

Die leichte depressive Episode

Die depressive Stimmung, Verlust von Interesse oder Freude und erhöhte Ermüdbarkeit sind die typischen Symptome einer Depression. Eine leichte Depression liegt vor, wenn mindestens zwei dieser und mindestens zwei der oben genannten sieben Symptome vorhanden sind, wobei keine besondere Ausprägung vorliegt und der Zustand mindestens zwei Wochen andauert.

Die betroffene Person leidet unter den Symptomen und hat Schwierigkeiten, ihre normale Berufstätigkeit und sozialen Aktivitäten fortzusetzen, gibt aber die alltäglichen Aktivitäten nicht vollständig auf. Das Gefühl, sich zur Arbeit »schleppen« zu müssen, wird hier oft erwähnt.

Die mittelgradige depressive Episode

Eine mittelgradige depressive Episode liegt vor, wenn mindestens zwei von den genannten Symptomen der leichten depressiven Episode vorliegen und mindestens drei (besser vier) der sieben genannten Symptome. Einige Symptome sind in ihrem Schweregrad besonders ausgeprägt, die Mindestdauer beträgt etwa zwei Wochen.

Die betroffene Person kann nur unter erheblichen Schwierigkeiten soziale, häusliche und berufliche Aktivitäten fortsetzen.

Die schwere depressive Episode

In dieser Episode zeigt die betroffene Person meist erhebliche Verzweiflung und Agitiertheit (krankhafte Unruhe), es sei denn, Hemmung ist ein führendes Symptom. Verlust des Selbstwertgefühls, Gefühle von Nutzlosigkeit oder Schuld sind meist vorherrschend, in besonders schweren Fällen besteht ein Suizidrisiko. Meist ist auch ein somatisches Syndrom vorhanden.

Alle drei für die leichte und mittelgradige depressive Episode typischen Symptome müssen vorhanden sein und mindestens vier andere, von denen einige besonders ausgeprägt sein sollten.

Es ist sehr unwahrscheinlich, dass die betroffene Person während einer schweren depressiven Episode in der Lage ist, soziale, häusliche und berufliche Aktivitäten fortzuführen, allenfalls sehr begrenzt.

Somatisches Syndrom

Sie spüren Ihre körperlichen Beschwerden und Empfindungen sehr deutlich. Die klassischen depressiven Kernsymptome werden hier oft weniger wahrgenommen und beachtet. Eine medizinische Abklärung ist in diesem Falle ratsam!

Laut medizinischer Definition müssen mindestens vier der folgenden Symptome nach ICD-10 eindeutig vorliegen:

- Interessensverlust oder Verlust der Freude an für den Betroffenen sonst angenehmen Aktivitäten
- Mangelnde Fähigkeit, auf freudige Ereignisse emotional zu reagieren. Dazu gehört auch eine reduzierte affektive Resonanz, d. h. das emotionale »Mitschwingen« mit dem jeweiligen Gegenüber ist verringert. Zum Beispiel können die Betroffenen, wenn sie angelächelt werden, nicht entsprechend reagieren und zeigen eine starre, affektlose Mimik.

- Frühmorgendliches Erwachen (meist zwei bis drei Stunden vor der gewohnten Zeit)
- Veränderung der Psychomotorik (gehemmt oder agitiert)
- Deutlicher Appetitverlust
- Gewichtsverlust (häufig mehr als 5% des Körpergewichts im vergangenen Monat)
- Deutlicher Libidoverlust

Wenn Sie von einigen der beschriebenen Symptome betroffen sind, suchen Sie unbedingt einen Arzt auf. Sie können zu Ihrem Hausarzt gehen, aber bei psychischen Beeinträchtigungen nehmen Sie unbedingt einen Psychiater. Achten Sie auf Ihr Gefühl, wenn Sie bei Ihrem Arzt sind. Wesentlich ist, dass Sie sich wohlfühlen, ernst genommen und gut beraten werden.

Empfehlung vom Facharzt
Wir haben Herrn Dr. Hans-Peter Weidinger, Psychiater, Neurologe, und Psychotherapeut, einige Fragen zum Thema Depression und medikamentöse Behandlung im Zusammenhang mit Liebeskummer gestellt:

Wann raten Sie zur medikamentösen Unterstützung, zum Beispiel mittels Antidepressiva?
»Eine Trennung kann eine depressive Verstimmung nach sich ziehen. Es kommt dabei zu einer akuten Belastungsreaktion, die von allgemein verständlichen

Symptomen begleitet wird. Dazu zählen Stimmungs-
tiefs, Schlafstörungen, Angstzustände, Sinnlosigkeits-
gefühle und Appetitstörungen. Viele Menschen geraten auch in eine resignative Haltung dem Leben
gegenüber. Tritt nach drei bis vier Wochen keine Besserung ein und hat man das Gefühl, im Verarbeitungsprozess stecken zu bleiben und in eine Negativspirale
zu driften, kann ein stimmungsaufhellendes Anti-
depressivum empfohlen werden. Sind auch ausge-
prägtere Schlafstörungen vorhanden, dann helfen oft
schlafunterstützende Medikamente. Bei starken Unru-
hezuständen oder Angstgefühlen können Tranquilizer
(Benzodiazepine) über einen kurzen Zeitraum eine Entlastung bringen. Durch die Stimmungsaufhellung wird
eine positivere Sichtweise, dass es nach einer Trennung
auch noch ein Leben gibt, unterstützt. Man kommt damit leichter aus der depressiven Sackgasse heraus.«

Machen Antidepressiva abhängig?
»Nein, Antidepressiva führen weder zu körperlicher
noch zu seelischer Abhängigkeit. Zeigen sie eine positive Wirkung, dann wird das Medikament gerne über
den verschriebenen Zeitraum genommen. Es kann
vorkommen, dass Menschen nach einer gewissen
Zeit bei dem Gefühl der Besserung die Medikamente
vergessen oder die Einnahme wieder einstellen. Um
einen Rückfall zu vermeiden, empfehle ich nach Trennungen die Einnahme von Antidepressiva (wenn not-

wendig) von mindestens zwei Monaten. Bei sonstigen depressiven Erkrankungen wird die Einnahme von mindestens sechs Monaten empfohlen.«

Wer soll Antidepressiva verschreiben?
»Unbedingt ein Facharzt für Psychiatrie. Die Verschreibung von Psychopharmaka bedarf einer fachärztlichen Diagnose, um das richtige Medikament und die passende Dosis verordnen zu können.«

Reichen Medikamente aus oder empfehlen Sie zusätzliche Maßnahmen?
»Eine therapeutische bzw. beratende Begleitung steht an erster Stelle. Falls gravierende psychische Symptome auftreten, darf die therapeutische Begleitung nur von einem Psychotherapeuten, Psychologen oder Psychiater durchgeführt werden. Die Medikamente sollen nur in solchen Fällen eingesetzt werden, wo eine weitere Verschlechterung des psychischen Zustands droht. Sie sollen den Verarbeitungsprozess unterstützen, bei dem gravierende Probleme auftreten, wie zum Beispiel Depression, Schlafstörungen, Angstzustände und Suizidalität. Neben der passenden Medikamentenwahl ist auch die Dosierung ein wesentlicher Punkt. Man soll durch die Medikamente auch nicht abstumpfen, sondern es sollen weiterhin Gefühle da sein, um den Trauerprozess zuzulassen. Antidepressiva können einen Schutzmantel vor überflutenden Gefühlen bieten und

so neben der Stimmungsaufhellung die Stabilisierung unterstützen. Am besten ist also, das Medikament so zu dosieren, dass es hilft, aber den Verarbeitungsprozess nicht abwürgt.«

Panikattacken

Unter Panikattacken wird das einzelne, akute und meistens nur wenige Minuten anhaltende Auftreten einer körperlichen und psychischen Alarmreaktion ohne objektiven äußeren Anlass verstanden.

»Ich hatte das Gefühl, einen Herzinfarkt zu bekommen. Mitten im Supermarkt hat sich plötzlich alles zu drehen begonnen, ich bekam keine Luft mehr und mein Herz raste wie verrückt. Ich hatte das Gefühl, mich zu verlieren, und bekam unglaubliche Angst und schwitzte ohne Ende«, beschreibt Sabine ihre erste Panikattacke.

Bei manchen Menschen können sich diese Panikattacken aber auch über mehrere Stunden mit abgeschwächten Symptomen hinziehen.

Typische Symptome einer Panikattacke sind:

- Engegefühl in der Brust und im Hals
- Atemnot, Hyperventilation (Muskelkrämpfe), Erstickungsgefühl
- Schweißausbrüche
- Schwindelgefühl
- Zittern
- Herzrasen

- Angstgedanken (Angst, einen Herzinfarkt zu haben, zu sterben; Angst davor, das Haus zu verlassen etc.)
- Depersonalisationsgefühle (das Gefühl, neben sich zu stehen)
- Derealisationsgefühle (die Umgebung wird als unwirklich und fremd wahrgenommen)

Erste Hilfe bei Panikattacken:
- Atmen Sie ruhig, langsam und tief in den Bauch hinein und legen Sie dabei Ihre Hände auf den Bauch.
- Bewegen Sie sich so bald wie möglich wieder.
- Lenken Sie Ihre Aufmerksamkeit weg von Ihrem Körper und konzentrieren Sie sich auf Ihre Umwelt.
- Trinken Sie ein Glas Wasser.
- Lassen Sie kaltes Wasser über Ihre Hände rinnen und benetzen Sie damit Ihr Gesicht.

Sie können mit Entspannungsübungen, Bewegung, Sport und anderen angenehmen Aktivitäten weiteren Attacken vorbeugen. Wenn Sie aber dennoch öfter unter Panikattacken leiden, suchen Sie unbedingt einen Arzt, Psychologen oder Psychotherapeuten auf.

Suizidgedanken und Suizid

Destruktive Handlungen richten wir Menschen nicht immer gegen andere, sondern oft genug auch gegen uns selbst: Aus Gründen nicht erwiderter Liebe begibt sich ein Mann mit seinem Pkw auf eine Autobahn, wird bewusst zum Geisterfahrer und fährt frontal in einen Lkw, um seinem unerfüllten Liebesleben ein Ende zu setzen. Einige Tage nach seinem Selbstmord wird ein Abschiedsbrief entdeckt. Ein derart spektakulärer Selbstmord ist in vielen Fällen nicht nur eine gegen sich selbst gerichtete Aggression, sondern auch eine gegen den Ex-Partner. Er soll der Grund für den Tod eines oder mehrerer Menschen sein.

Von Liebeskummer geplagt war auch ein 19-jähriger Schüler, weil sich sein Freund von ihm trennte. Er erzählte sogar seinem Ex-Partner von seinem Vorhaben, sich das Leben zu nehmen. Danach verschwand er spurlos. Tage später wurde der Schüler tot in seinem Auto aufgefunden.

Oft sind Trennungsschmerzen so unerträglich, dass diese nicht mehr bewältigt werden können und Menschen in einen Zustand der suizidalen Einengung geraten und ihrem Leben ein Ende setzen wollen. In diesem Fall reduziert sich beim Betroffenen rationales Denken, die Gefühle der Verzweiflung scheinen ihn regelrecht zu überschwemmen.

Suizidgedanken – was tun?
- Nehmen Sie diese Gedanken und Gefühle ernst!
- Bleiben Sie keinesfalls alleine.
- Verändern Sie Ihre Haltung! Stehen Sie auf.
- Verlassen Sie gegebenenfalls die Wohnung.
- Suchen Sie das Gespräch mit einer Vertrauensperson im nahen Umfeld.
- Suchen Sie einen Arzt, Psychologen oder Psychotherapeuten auf.

- Suchen Sie eine Kriseninterventionsstelle, Beratungsstelle oder Ambulanz auf.
- Rufen Sie bei einer anerkannten Beratungsstelle an (24 Stunden täglich erreichbar).

Es gibt auch Alarmzeichen, an denen wir erkennen können, wenn jemand anderer im Begriff ist, sich das Leben zu nehmen. Beispiele dafür wären, wenn jemand seinen Selbstmord verbal oder schriftlich ankündigt, seine Wertsachen plötzlich verschenkt oder damit beginnt, seine Angelegenheiten zu ordnen und von Freunden Abschied zu nehmen. Auch bei folgenden Aussagen ist Gefahr im Verzug:

- »Das Leben hat keinen Sinn mehr!«
- »Es muss irgendwann einmal zu Ende sein!«
- »Es muss was passieren!«

Suizidgedanken kommen bei Menschen mit depressiven Erkrankungen häufig vor, weil Verzweiflung, Hoffnungslosigkeit und Sinnkrisen die zentralen Gefühle der Betroffenen sind. In solchen Krisenzeiten ist es vollkommen verständlich, dass wir mit unserem Leben hadern, keinen Sinn mehr sehen und daran denken, unser Leben zu beenden. Aber um diese derzeitige Lebenssituation zu beenden, müssen wir nicht sterben. Es geht lediglich um das Gefühl, das wir nicht ertragen und loswerden wollen. Wir sind angehalten innezuhalten, stehen zu bleiben und uns dieser Herausforderung zu stellen. Niemand ist für unsere Zufriedenheit verantwortlich außer wir selbst. Wir müssen unser Leben so gestalten, dass wir uns (wieder) wohlfühlen.

Nur wir selbst können unserem Leben einen Sinn geben und niemand sonst. Vergessen Sie Erlöser, Retter oder Schicksalsfügungen. Werden Sie selbst aktiv und nehmen Sie Ihr Leben in die Hand. Gestalten Sie Ihr Leben nach Ihren Vorstellungen und in Ihrem Tempo.

Unabhängig davon, ob Sie derzeit massiven Kummer in Ihrer Beziehung haben oder aufgrund einer Trennung massiv leiden, das Gefühl haben, völlig erschöpft zu sein, keinen Genuss erleben und im Moment überhaupt keinen Sinn in Ihrem Leben finden können:

Handeln Sie selbstfürsorglich!

Auch wenn Sie andere Auffälligkeiten bzw. Beeinträchtigungen im psychischen oder körperlichen Bereich bei sich feststellen, prüfen Sie, ob Sie damit alleine zurechtkommen, ob Ihr soziales Umfeld Sie unterstützen kann oder ob Sie fachliche Hilfe in Anspruch nehmen wollen.

Professionelle Hilfe kann helfen

Sie müssen den Kummer mit der Liebe nicht um jeden Preis alleine bewältigen!

Sie sollten sich um professionelle Hilfe bemühen, wenn ...

- ❤ Sie das Gefühl haben, dass Ihr Leidensdruck stetig wächst.
- ❤ Ihr Schmerz kaum oder nicht nachlässt.
- ❤ Sie immer tiefer in die Negativspirale abdriften.
- ❤ Sie zu keiner Erleichterung kommen oder keine Lösung finden.
- ❤ Ihre Umwelt Ihnen Erschöpfung und Hilflosigkeit rückmeldet.
- ❤ Sie Ihre Lebenslust verlieren.

Immer noch herrscht ein negatives Bild von Behandelnden und Beratern, welche die Silbe »Psych-« in ihrer Berufsbezeichnung haben. Psych-ologe, Psych-iater oder Psychotherapeut. Viele Menschen sagen sich dann oftmals: »Ich brauche keinen Psychodoktor, ich bin doch nicht gestört!«

Einen Therapeuten aufzusuchen bedeutet jedoch keinesfalls, dass Sie gestört sind, sondern lediglich, dass Sie in diesem Moment Ihres Lebens mit einem Störfeld zu kämpfen haben.

Viele von uns haben meistens kein Problem mit Familienangehörigen, Freunden, Bekannten oder Kollegen, ihre Probleme zu besprechen und zu analysieren. In vielen Fällen kommt es aber nicht zu der erwünschten Lösung oder Erleichterung. Meistens werden neue Ratgeber zu Hilfe geholt, zusätzlich werden Bücher und Zeitschriften herangezogen. Die Qualen werden dadurch aber nicht immer geringer, manchmal kommt es lediglich zu einer Ausbreitung des persönlichen Leids auf das gesamte Umfeld.

Wer heilt, hat Recht! Wenn Sie mit Ihrer Familie oder mit Freunden zu einer Lösung kommen und Zufriedenheit fin-

den, dann ist das wunderbar. Wenn Sie etwas lesen oder
hören und dadurch Ihren Seelenfrieden finden – noch besser! Wenn Sie aber in der Leidensspirale feststecken und kein
Ausweg in Sicht ist, zögern Sie nicht und versuchen Sie es
mit professioneller Hilfe.

Manche Ärzte, Psychologen und Psychotherapeuten sind
befähigt, therapeutisch zu arbeiten. Darüber hinaus gibt es
viele Berufsgruppen, die beratend und begleitend tätig sind,
wie zum Beispiel Lebensberater, Lebenscoaches, Kinesiolo-
gen oder Energetiker.

Doch wer heilt, hat recht, und es obliegt selbstverständlich Ihrer Entscheidung, an wen Sie sich wenden. Nur achten Sie exakt auf Ihr Gefühl. Überlegen Sie sich auch, ob Sie
eine Selbsthilfegruppe aufsuchen möchten, um sich auszutauschen, oder ob Sie das Einzelgespräch vorziehen. Eine wesentliche Frage ist auch, ob Sie mit einem männlichen oder
weiblichen Therapeuten arbeiten wollen. Wo fühlen Sie sich
besser aufgehoben?

Nach dem Erstgespräch wird Ihnen ein seriöser Berater
Zeit lassen, um sich zu entscheiden, ob Sie weiter mit ihm
arbeiten möchten. Er wird Sie über das Beratungs- oder The-
rapiesetting aufklären, nach Ihren Zielen und Erwartungen
fragen und sich selbst und seine Arbeitsweise vorstellen. Eine
Therapie ist ein Prozess, der auch Zeit in Anspruch nimmt.
Eine Regelmäßigkeit in der Frequenz der Sitzungen ist notwendig, um einen Nutzen zu erzielen.

Beratung per Telefon, Mail oder sonstige Kommunika-
tionsplattformen können niemals ernsthafte Therapiesitzungen ersetzen. Wenn ein Therapeut seriös arbeitet, wird er
keine langfristige Telefon-Therapie anbieten. Dies kann als

kurzfristige Erleichterung dienen und ein Sprungbrett für weitere Informationen sein, aber in den meisten Fällen ist dies kein Ersatz für eine Therapie.

Wie kommen Sie zu einem Therapeuten oder Berater?

Idealerweise kommen Sie über eine Empfehlung durch einen Arzt oder eine Ihnen vertraute Person zu einem Therapeuten oder Berater. Sehen Sie sich auch die Website des Therapeuten genau an. Wesentlich ist, welchen Ausbildungshintergrund der Therapeut vorweisen kann. Achten Sie auf Ihre Gefühle, wenn Sie diese Webseiten durchblättern. Achten Sie darauf, wo Sie sich angesprochen fühlen und wann sich ein angenehmes Gefühl breitmacht. In akuten Krisensituationen, wo schnelle Unterstützung erforderlich ist, gibt es diverse Kriseninterventionsstellen, die Ihnen rasch weiterhelfen können. Handelt es sich aber um tiefer liegende Schwierigkeiten oder liegt bereits eine depressive Verstimmung oder eine Depression vor, suchen Sie bitte unbedingt einen Arzt, Psychologen oder Psychotherapeuten auf. Diese Fachgruppen sind dafür ausgebildet, mit klinischen Symptomen zu arbeiten. Egal, an wen Sie sich wenden – nutzen Sie das Angebot der Fachleute. Sie haben so die Möglichkeit, an einem geschützten und anonymen Ort Ihre Trauer und Ihren Schmerz zu verarbeiten. Darüber hinaus haben Sie auch die Gelegenheit, Ihr Gedanken- und Gefühlschaos zu ordnen. Es ist ein Zeichen von Stärke, wenn Sie dazu bereit sind, an sich zu arbeiten und Neues über Sie selbst zu erfahren.

Im Übrigen sind alle Therapeuten der Verschwiegenheit verpflichtet!

Bewältigung von Trennungsschmerzen

Wie bereits erwähnt kommen wir häufig in Situationen, in denen wir uns ungewollt trennen müssen, zum Beispiel, wenn die Liebe erloschen ist, der Partner schon längere Zeit eine andere Beziehung nebenbei führt, wenn er gewalttätig wird, ein Suchtproblem hat, ein Verbrechen begeht etc.

Bei Menschen, die ungewollt getrennt wurden oder sich trennen müssen, schmerzt nicht nur das Herz, sondern der ganze Körper bzw. die Seele. »Ich glaube nicht, dass mein Herz es schafft, diesen Schmerz allein zu bewältigen, ich brauche noch mindestens fünf Ersatzherzen«, sagt eine Klientin in der ersten Beratungsstunde zu mir. Gefühle von Traurigkeit, Panik und Verzweiflung scheinen diese Menschen zu überschwemmen. »Ich habe das Gefühl, dass mich ein ›Tsunami der Gefühle‹ wegschwemmt, und ich habe Angst, darin zu ertrinken«, beschreibt ein Klient diesen Gefühlszustand. »Mein Hirn kann das gar nicht verarbeiten«, klagt ein anderer Klient. Die Gedanken und Gefühle sind ein einziges Chaos, dieses verlangt nach Klarheit und Klärung. Daher geht es in erster Linie um Stabilität und Entlastung. Ein wesentlicher Teil ist auch die Klärung der Gefühle, Gedanken und der Beziehung. Später kommt natürlich die Phase der Neuorientierung dazu. Ihr Schmerz soll Ihnen dabei als Wegweiser dienen. Sehen Sie ihn als Leuchtturm, der Ihnen den Weg aus dem Kummer zeigt. Ihr Schmerz will Ihnen etwas sagen, Ihre Grenzen, Bedürfnisse und Wünsche aufzeigen.

Eines ist sicher: Je früher Sie sich um Ihre Herzenswunde kümmern und aktiv mit der Trauerbewältigung beginnen, desto schneller können Sie Ihren Trennungsschmerz überwinden und sich von diesem befreien. Im professionellen Kontext geht es darum, den persönlichen Prozess des leidenden Menschen in seinem eigenen Tempo therapeutisch zu begleiten. Es geht darum, Verantwortung zu übernehmen und Antworten zu finden, um gemeinsam eine Lösung herauszuarbeiten.

Stabilisieren und Entlasten

Wenn die Trennung unerwartet kam und erst vor Kurzem passiert ist, geht es überwiegend um Stabilisierung. Diese Phase wird oft begleitet von Schockgefühlen, Verzweiflung, tausend Fragen, Verleugnung und trügerischer Hoffnung. Natürlich kann es hier auch vorkommen, dass Sie mit Ihrem Leben hadern und keinen Sinn mehr sehen. Das ist verständlich und nachvollziehbar. Daher brauchen Sie Menschen, von denen Sie sich verstanden fühlen und Mitgefühl bekommen.

Klärung

Reden, reden, reden! Rollen Sie Ihre Beziehung auf, durchleuchten Sie diese. Er oder sie kann nicht der perfekte Partner gewesen sein, sonst wäre es nicht zur Trennung gekommen. Oft neigen wir nach einer Trennung dazu, die Schuld bei uns zu suchen. In einer Beziehung gilt es nicht, die Schuldfrage zu klären, sondern die jeweiligen Anteile herauszuarbeiten. Beide Menschen sind für eine Beziehung verantwortlich! Zum Führen einer Beziehung gehören zwei Menschen, zum Beenden einer Beziehung kann einer ausreichen!

Neuorientierung

Am Ende der Trauerphase wird sich jeder von uns mit der Frage »Wie geht es weiter?« beschäftigen. Je länger die Beziehung gedauert hat, desto mehr Gewohnheiten, Rituale und Gemeinsamkeiten sind zum Tragen gekommen. Das heißt, wir müssen das, was wir uns vertraut gemacht haben, wieder loslassen und neue Rituale und Gewohnheiten finden.

Egal, ob Ihre Trennung gerade eben passiert ist oder schon Jahre zurückliegt, seien Sie geduldig mit sich selbst. Heilung braucht Zeit – egal, ob es körperliche oder seelische Wunden sind.

Verdrängen Sie dieses Ereignis nicht. Menschen, die uns ein Stück unseres Weges begleitet haben, sollen nicht vergessen werden, geben Sie diesen Menschen einen Platz in Ihrer Lebensgeschichte. Jeder Mensch, der uns nahesteht, trägt zu unserer Wesensbildung bei. Wir lernen aus allen Erfahrungen und Begegnungen viel über uns selbst.

Wie kommen Sie aus dieser Seelenqual heraus?

Die Heilung von körperlichen oder seelischen Verletzungen führt immer über den Schmerz. Hinschauen, nicht wegschauen oder vermeiden! Nehmen Sie Ihren Schmerz an, er ist ein Teil von Ihnen und will Ihre Aufmerksamkeit, Ihre Zuwendung, Pflege und Ihr Mitgefühl. Öffnen Sie Ihr Herz für Trost, um sich selbst zu trösten, aber auch für Trost, den Ihnen Ihre Mitmenschen entgegenbringen. Der Weg in die Freiheit führt über Sie selbst!

Weinen

Trost ist ein Heilmittel für den Schmerz, aber um die Beziehung zu verarbeiten, bedarf es Ihrer »Er-Lösungs-Arbeit«. Weinen Sie, wenn Ihnen danach ist, Tränen verdünnen die Trauer.

Arbeit

Manche Menschen versuchen dem Schmerz auszuweichen und stürzen sich deshalb in Arbeit oder andere Aktivitäten und beschäftigen sich ständig mit der Außenwelt.

Steve, 34 Jahre, wurde überraschend getrennt und beschreibt seine Situation wie folgt: »Ich kann kaum eine Minute alleine sein, ich nehme jede Überstunde, die ich machen kann, dankbar an. Nach der Arbeit versuche ich, Freunde oder Bekannte zu treffen, um mich möglichst lange zu beschäftigen. Wenn ich dann heimkomme, kann es vorkommen, dass ich stundenlang vor dem Computer oder dem Fernseher sitze, irgendwann falle ich erschöpft ins Bett. Ich will mich einfach nur betäuben und fühle mich von Tag zu Tag schwächer. Gleichzeitig muss ich aber Haltung bewahren und stark sein, um den Alltag gut meistern zu können. Aber die ständige Auseinandersetzung mit meiner Ex treibt mich in den Wahnsinn, Tausende Fragen quälen mich. Ich will da raus, ich brauch Ruhe und Frieden!«

Diese Strategie führt uns schnell in die Verzweiflung und totale Erschöpfung, während der Schmerz in den meisten Fällen vorhanden bleibt.

Rückzug

Eine andere Verhaltensweise ist Rückzug. Körper, Geist und Seele befinden sich im Leerlauf.

Tine, 38 Jahre, Mutter von zwei Kindern, halbtags berufstätig, schildert ihre Situation: »Ich fühl mich wie gelähmt. Ohne meine Kinder würde ich nicht mehr aufstehen. Ich kann es nicht glauben, dass mir das passiert ist. Jeden Morgen wache ich auf und kann es nicht glauben. Ich bin seit drei Wochen im Krankenstand, versorge meine Kinder mit dem Notwendigsten und verfalle wieder in eine Starre. Nichts interessiert mich. Essen geht gar nicht. Meine Kontakte zur Außenwelt habe ich auf ein Minimum reduziert. Mir ist alles zu anstrengend. ›Wie konnte es so weit kommen? Was habe ich falsch gemacht? Wieso habe ich nichts gemerkt?‹, sind meine täglichen Fragen. Ich sehe keinen Sinn mehr.«

Schaffen Sie eine gute Balance zwischen Aktivität und Rückzug!
Sowohl Arbeit zur Ablenkung als auch Rückzug ins eigene Schneckenhaus machen langfristig krank und führen zu keiner Lösung.

Wenn wir Körper, Geist und Seele vernachlässigen oder überfordern, werden wir krank. Neben den körperlichen und geistigen Abnutzungserscheinungen tragen unsere emotionalen Erlebnisse oft dazu bei, dass wir seelische Wunden abbekommen. Wir können aber dagegensteuern, indem wir auf uns achten. Alles, was wir zu uns nehmen, hat Auswirkungen.

Ungesunde Ernährung, Alkohol, Tabak, Medikamente und illegale Drogen bringen Müdigkeit, Gewichtsschwankungen, Abhängigkeiten und Krankheiten mit sich. Aber auch geistige Nahrung in Form von Filmen, Büchern, Zeitschriften etc. hat Auswirkungen auf unser Wohlbefinden. Seelische Kränkungen, Verletzungen und belastende Kontakte können zu Niedergeschlagenheit und Traurigkeit führen. Vermeiden, Wegschauen und Zudecken bringt uns der Glückseligkeit nicht näher, sondern vermehrt unser Leiden, und mit der Zeit stumpfen wir ab.

> *»Es ist ein Gesetz im Leben:*
> *Wenn sich eine Tür vor uns schließt,*
> *öffnet sich dafür eine andere. Die Tragik jedoch ist,*
> *dass man meist nach der geschlossenen Tür blickt*
> *und die geöffnete nicht beachtet!«*
>
> **ANDRÉ GIDE**

Körper, Geist und Seele leiden gleichermaßen am Kummer mit der Liebe. Die Auswirkungen sind vielfältig. Der Weg hinaus führt über Sie selbst. Wie? Das erläutern wir im nächsten Kapitel »Der Weg in die Freiheit«.

KAPITEL 5

Der Weg in die Freiheit

Dieses Buch ist ein Ratgeber ohne Pauschalratschläge, Regeln oder Zehn-Schritte-Programme. Wir stellen Sie mit Ihren Gefühlen, Befindlichkeiten und Bedürfnissen in den Mittelpunkt. Der Weg in die Freiheit führt über Sie selbst.

> *»Nichts auf der Welt ist den Menschen mehr zuwider,*
> *als den Weg zu gehen, der ihn zu sich selbst führt.«*

HERMANN HESSE, DEMIAN

Viele Menschen wünschen sich an dieser Stelle einen Zauberstab. Erwägen Sie einmal die Möglichkeit, dass Sie diesen bereits in Ihrer Hand haben. Die Zauberkraft liegt in Ihrer Selbstliebe, im Sinne Ihrer Selbstfürsorge und Ihrer Ressourcen. Je mehr Sie diese Qualitäten wahrnehmen und fördern, desto schneller wird Ihr Heilungsprozess vorangehen und desto besser werden Sie in Zukunft mit jeglichem Kummer mit der Liebe umgehen können. Sie können natürlich auch versuchen, Ihrem Schmerz und dessen Linderung mittels Astrologie, Numerologie, Voodoo-Zauber, Wahrsagerei, Kartenlegen, Hellsehen, Anrufen von Engeln und Geistern oder sonstigen Praktiken zu begegnen. Die Astrologie oder Numerologie zum Beispiel können uns etwas über unsere Begabungen sagen, aber nichts über unser Schicksal, denn das haben wir selbst in der Hand. Sie können hier ganz leicht zwischen seriösen und unseriösen Beratern unterscheiden. Ein seriöser Berater wird Ihnen höchstens über Ihre Begabungen, Stärken und Neigungen Auskunft erteilen, aber niemals exakte Daten über Ihre Zukunft preisgeben. Verzweifelte Menschen sind häufig verführbare Menschen. Treffen Sie jedoch Ihre eigenen Entscheidungen! Handeln Sie selbstbestimmt, lindern Sie aktiv Ihren Schmerz. Sie stehen im Mittelpunkt!

Wir wollen Sie dabei unterstützen, Ihre gesunden Anteile, Ihre persönlichen Ressourcen wahrzunehmen und zu fördern. Das heißt, wir sprechen von Ihren Fähigkeiten, Fertigkeiten, Kenntnissen, Erfahrungen, Talenten und Stärken, die manchmal nicht zugänglich sind. Es sind Ihre Kraftquellen, die genutzt werden müssen, um den Heilungsprozess in Gang zu setzen und zu fördern.

Die Kraft der (Selbst-)Liebe

In der Praxis zeigt sich häufig, dass das Thema Selbstliebe großes Unbehagen auslöst. Eine typische Antwort ist: »Das ist doch egoistisch und narzisstisch, mich so viel mit mir selbst auseinanderzusetzen!« Verwerfen Sie diesen Gedanken, es geht um einen »gesunden Egoismus«. Wir nennen es Selbstfürsorge, im Sinne eines liebevollen und respektvollen Umgangs mit sich selbst. Wenn ich nicht gut und liebevoll mit mir umgehe, werde ich dazu auch nicht bei anderen Menschen in der Lage sein. Eine gesunde Selbstliebe ist die Voraussetzung dafür, dass wir uns in andere Menschen einfühlen können.

Eine weitere wichtige Unterscheidung liegt auch in den Begriffen Selbstmitleid und Selbstmitgefühl. Selbstmitleid führt meist zu Gefühlen von Lähmung und Verzweiflung und vertieft unser Leid. Selbstmitgefühl eröffnet uns eine andere Qualität von Zuwendung, wir kommen wieder in Kontakt mit unseren Gefühlen, Bedürfnissen und Wünschen. Es ist ein wichtiger Begleiter beim Umgang mit Kummer und bringt uns wieder in Bewegung.

Ignorieren wir allerdings unsere Bedürfnisse und Wünsche und wird unser Leben zu einem Pflichtausübungsprogramm, werden sich früher oder später Gefühle der Überlastung und Erschöpfung einstellen. Das geht auf Kosten unserer Liebesmomente im Leben. Je weniger Liebesmomente oder auch Genussmomente wir im Leben haben, desto mehr verkümmern unser Herz und unsere Liebesfähigkeit. Wir verlieren unsere Lebendigkeit. Wenn wir durchs Leben hetzen, um Besitz und Qualifikationen anzuhäufen, kann es sehr schnell passieren, dass wir den Kontakt zu uns selbst und anderen und auch die Liebe verlieren. Wir beginnen immer mehr, an uns selbst zu zweifeln, und suchen die Bestätigung im Außen. Wir wollen geliebt werden und verlernen immer mehr zu lieben. Dann laufen wir Gefahr, dass wir viele Gefühle mit Liebe verwechseln und enttäuscht zurückbleiben.

Wie wollen Sie einen anderen Menschen glücklich machen, wenn Sie es selbst nicht sind? Wie soll Sie jemand glücklich machen, wenn Sie nicht wissen, was Sie glücklich macht? Wie soll Sie jemand anderer mögen und lieben, wenn Sie sich selbst nicht mögen und lieben? Wie soll Sie jemand anderer attraktiv finden, wenn Sie sich selbst nicht gefallen?

Wann beginnt Liebe?

Schon im Mutterleib spielen Zuwendung und Liebe eine wesentliche Rolle für die spätere Liebesfähigkeit. Nicht nur ungesunde Ernährung, Zigaretten, Alkohol und Drogen haben Auswirkungen auf die Entwicklung des Säuglings, sondern auch der Schwangerschaftsverlauf. Freut sich eine Mutter auf ihr Kind, sind die Rahmenbedingungen positiv und fürsorglich. Steht die Mutter unter Dauerstress oder befindet sich in Lebenskrisen, kann das negative Folgen haben. Bereits im Mutterleib sind wir in der Lage, den liebevollen Umgang zu spüren, und können darüber hinaus auch Stress und Empfindungen der Mutter wahrnehmen. Unerwünschte Säuglinge sind z. B. häufig untergewichtig und haben ein schwächeres Immunsystem.

Werden nach der Geburt nur die existenziellen Bedürfnisse (Füttern, Waschen, Wickeln etc.) eines Säuglings befriedigt, ohne ihm dabei Zuwendung und Zärtlichkeit zukommen zu lassen, stirbt er. Wir benötigen von Beginn an liebevolle Zuwendung. Zuspruch, Zärtlichkeit und Aufmerksamkeit schaffen einen Nährboden für Geborgenheit, Sicherheit, Stabilität und Wärme.

Die Liebe der Mutter oder Bezugsperson entscheidet maßgeblich über das Selbstgefühl. Schafft es die Mutter durch ihr authentisches Einfühlungsvermögen eine tragfähige Bindung zu dem Säugling, der gänzlich von ihr abhängig ist, aufzubauen, kann die kindliche Entwicklung stimuliert werden, und das Gefühl von Geborgenheit und Sicherheit kann sich entwickeln. Gelingt die Entwicklung eines gesunden Narzissmus durch Aufmerksamkeit, Zuwendung, Versorgung und Bestätigung wissen diese Menschen später, dass sie nicht perfekt sein müssen, Fehler machen dürfen und trotzdem liebenswert sind und anerkannt werden.

Unter ungünstigen Bedingungen werden Ängste und Unsicherheiten die Grundlage des heranwachsenden Menschen werden. Der krankhafte Narzissmus wird genährt und zeigt sich in einem unrealistisch übersteigerten oder selbst entwertenden Selbstbild. Es entsteht ein Pendeln zwischen Grandiosität, im Sinne von Geltungsstreben, und Gefühlen von Unsicherheit, im Sinne von Scham.

Viele Persönlichkeitsstörungen liegen in der Kindheit begraben, und zahlreiche Menschen brauchen eine andere Person, um sich geliebt und anerkannt zu fühlen, weil sie nicht gelernt haben, ihr Urvertrauen zu entwickeln, zu stärken, für sich selbst zu sorgen und sich selbst zu lieben.

Wo lernen wir zu lieben?

Wir lernen von unseren Eltern oder Bezugspersonen, was Liebe ist und wie diese gelebt wird. Im günstigsten Fall erleben wir Vertrauen, Sicherheit, Geborgenheit und Stabilität. Im ungünstigsten Fall bauen wir Ängste, Abhängigkeiten und Unsicherheiten auf. Ein liebevoller Start ins Leben nährt unser Selbstwertgefühl, macht uns mitfühlend, stark, mutig und zuversichtlich. Nicht nur unser Geist und Körper brauchen Nahrung. Auch unser Herz braucht regelmäßig Nahrung in Form von Aufmerksamkeit, Zuwendung und Zärtlichkeit, sonst verhungert es und wir verkümmern emotional. Wir werden unsicher, ängstlich, fühlen uns minderwertig und einsam. Wir sind leicht zu blenden, wenn dann ein Mensch in unser Leben tritt und uns all das zu geben scheint, was wir so lange vermisst und gesucht haben.

Um unser Liebesbarometer zum Steigen zu bringen, brauchen wir aber nicht unbedingt einen Partner oder eine Partnerin, denn die Liebe steckt in vielen Dingen des Lebens. Vor allem aber steckt die Liebe in uns.

Als Kind sind wir ausgeliefert. Wir müssen vielleicht Unangenehmes aushalten, durchhalten, nachgeben, uns anpassen, die Befindlichkeiten und Launen unserer Eltern ertragen und Ähnliches mehr. Viele Menschen beschreiben ihre Kindheit als Durststrecke, geprägt von Unsicherheiten, Spannungen und Hilflosigkeit. »Was hätte ich denn tun sollen, ich musste ruhig und brav sein, damit ich meine Mutter oder meinen Vater oder sonstige Bezugspersonen nicht aufrege. Ich stellte meine Bedürfnisse hinten an«, schildern manche Menschen ihre Kindheit. Damals hatte das sicher seine Richtigkeit, als Kind sind die Möglichkeiten für Veränderung sehr eingeschränkt bzw. oft gar nicht vorhanden. Als Erwachsener können Sie in Krisenzeiten in Ihre Kindheit zurückgehen, überlegen, was Sie damals gebraucht hätten, es auf heute umlegen und ändern. Freunden Sie sich mit der Idee an, dass Sie heute nichts mehr aus- oder durchhalten und starr vor Angst werden müssen. Sie können stattdessen in jeder Minute Ihres Lebens Entscheidungen treffen und diese umsetzen.

♥
♥ Wenn wir keine Liebe bekommen, fällt es auch schwer,
♥
Liebe zu geben!

Daniel Stern beschreibt dies in seinem Buch *Tagebuch eines Babys* folgendermaßen:

»Wie Eltern auf ihr Kind reagieren, hängt stark davon ab, wie sie selbst als Kind behandelt wurden und wie ihre eigenen Eltern ihre Gefühle und ihr Vertrauen ausgelegt haben. Wer einen anderen liebt, möchte ja auch dessen innere Erlebniswelt teilen und wissen, wie es in ihm aussieht.«

Der ZEN-Meister Thich Nhat Hanh sieht in der Eigenliebe das Fundament der Fähigkeit, andere zu lieben. Die Voraussetzung ist für ihn, fürsorglich mit sich selbst umzugehen und sich selbst zu lieben.

♥
♥ Wir können unsere Kindheit und unsere Erfahrungen nicht un-
♥
geschehen machen. Wir können aber unseren Defiziten auf den Grund gehen und an unserer Selbstliebe arbeiten.

Kränkungen, Neid, Konkurrenz, Aggressionen, Mobbing, Bossing und Amokläufe sind Resultate von zutiefst unglücklichen Menschen, deren Herz schon lange leer ist und die blind vor Wut um sich schlagen. All das ist meist ein Schrei nach Liebe und Aufmerksamkeit. »Ich will endlich gesehen und ernst genommen werden«, sagte ein Gewaltverbrecher, nachdem man ihn gefasst hatte.

Wichtig ist, dass Sie Ihre Schwachpunkte kennen, um sie

verändern und bearbeiten zu können. Wenn Sie Frieden und Liebe in sich gefunden haben, werden Sie auch auf Resonanz von außen stoßen.

»Man kann in Kinder nichts hineinprügeln,
aber vieles herausstreicheln!«

ASTRID LINDGREN

Legen Sie dieses Zitat einmal auf Ihre Partnerschaften um. Wie oft haben Sie versucht, Ihren Partner umzustimmen. Viele Menschen, überwiegend Frauen, wollen mehr Nähe als ihr männlicher Partner. Sie hätten gerne, dass der Mann stärker das Bedürfnis hat, mit ihnen zusammen zu sein. Aber wie erzeuge ich dieses Bedürfnis im Gegenüber? Wenn ich möchte, dass jemand Zeit mit mir verbringen will, dann schaffe ich das nur über die Brücke der Sanftheit, Harmonie und Leichtigkeit. Oft passiert aber Folgendes: Die Partnerin beklagt sich über die vielen Defizite, zieht sich gekränkt zurück, fordert, diskutiert, schreit und droht. Niemals erreichen Sie auf diese Art das Herz eines anderen Menschen, und schon gar nicht das Bedürfnis, dass dieser Mensch in Ihrer Nähe sein möchte.

♥
♥ Druck erzeugt Flucht!
♥

Versuchen Sie, Ihren Partner zu verstehen, reden Sie mit ihm, sagen Sie ihm, was Sie sich wünschen und dass Sie ihn vermissen. Was Sie mit Gewalt erreichen, können Sie auch nur mit Gewalt aufrechterhalten. Wenn Ihr Partner Ihren Wünschen nicht nachkommen kann bzw. will, dann setzen Sie sich mit der Frage auseinander, ob das wirklich Ihr Herzenspartner ist, der Sie langfristig glücklich machen wird.

Heilung durch Selbstliebe

Buddha sagt: »Einen anderen lieben zu können hängt davon ab, ob du dich selbst lieben kannst.« Lerne, alleine zu leben. Verbringe jeden Tag genügend Zeit mit dir alleine.

Immer wieder stoßen wir beim Thema Selbstliebe auf Irritation, Widerstand und oftmalig auf Unverständnis. Doch Liebe zu sich selbst bedeutet nicht Egoismus oder Gefühllosigkeit anderen Menschen gegenüber, es geht um einen liebevollen Umgang mit uns selbst, den wir Selbstfürsorge nennen.

Wie sollen wir für andere Menschen Mitgefühl, Fürsorglichkeit, Verständnis aufbringen und Liebe empfinden, wenn wir nicht in der Lage sind, uns diese Gefühle auch selbst zu geben?

Wenn wir für uns selbst nicht Sorge tragen können, dann können wir es auch für andere nicht. Wenn wir selbst nicht glücklich und zufrieden sind, dann wird auch kein Partner es schaffen, uns dauerhaft glücklich und zufrieden zu machen.

Selbstliebe ist ein äußerst wirksames Mittel gegen Gefühle der Einsamkeit und gegen gering ausgeprägtes Selbstwertgefühl. In dem Moment, wo Sie beginnen, selbstfürsorglich und liebevoll mit sich selbst umzugehen, werden Sie Menschen in Ihr Leben ziehen, die in der Lage sind, ebenso fürsorglich und liebevoll mit Ihnen umzugehen.

Das Fundament für unser Selbstvertrauen und unsere Eigenliebe wird in unserer Kindheit gelegt. Nicht nur unsere Eltern oder Bezugspersonen sind dafür verantwortlich, auch unsere eigenen Erfahrungen, der Umgang mit Verlusten, Trennungen, Misserfolgen und Konflikten.

Werfen Sie einen genauen Blick auf Ihr bisheriges Liebesleben. Was haben Sie über die Liebe erfahren und gelernt? Nehmen Sie sich wieder ein bisschen Zeit für sich selbst! Sie benötigen nur ein Blatt Papier, einen Stift und einen ruhigen Ort. Blicken und fühlen Sie ein bisschen in Ihre Kindheit und in die Atmosphäre von damals zurück. Lassen Sie Ihren Erinnerungen freien Lauf und beantworten Sie spontan die nachstehenden Fragen.

SELBSTTEST

Ihr Liebeslebenslauf soll Ihnen bewusst machen, welche Startbedingungen Sie hatten und welche Ressourcen und Defizite in Ihnen stecken.

Wie empfinden Sie Ihre Kindheit?

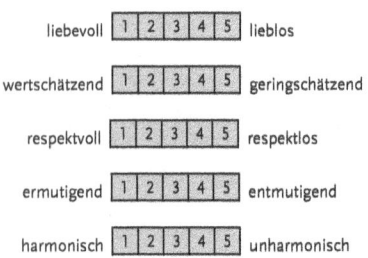

stabil	1	2	3	4	5	instabil
unbeschwert	1	2	3	4	5	beschwert
verständnisvoll	1	2	3	4	5	verständnislos
humorvoll	1	2	3	4	5	humorlos
rücksichtsvoll	1	2	3	4	5	rücksichtslos
spannungsfrei	1	2	3	4	5	spannungsgeladen
gewaltfrei	1	2	3	4	5	gewaltvoll
konfliktarm	1	2	3	4	5	konfliktreich
locker	1	2	3	4	5	gehemmt

Fühlten Sie sich erwünscht?

sehr erwünscht | 1 | 2 | 3 | 4 | 5 | völlig unerwünscht

Denken Sie gerne an Ihre Kindheit zurück?

sehr gerne | 1 | 2 | 3 | 4 | 5 | überhaupt nicht gerne

Schöpfen Sie Kraft und Mut aus Ihren Kindheitserinnerungen?

ja, sehr viel | 1 | 2 | 3 | 4 | 5 | nein, überhaupt nicht

Wie erleben/erlebten Sie die Beziehung Ihrer Eltern zueinander?

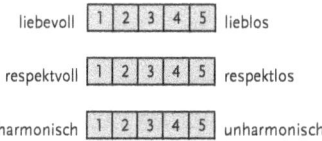

liebevoll	1	2	3	4	5	lieblos
respektvoll	1	2	3	4	5	respektlos
harmonisch	1	2	3	4	5	unharmonisch

Welche Werte waren in Ihrer Kindheit vorherrschend?

_____

_____

_____

Wie wichtig waren Religion, Glaube und Spiritualität in
Ihrer Familie?

sehr wichtig [1|2|3|4|5] überhaupt nicht wichtig

Fühlen/fühlten Sie sich von Ihren Eltern, Bezugspersonen,
Ihrer Familie geliebt?

Wenn ja, wurden Sie auch ohne gute Leistungen (Schule,
Sport etc.) geliebt?

sehr geliebt [1|2|3|4|5] überhaupt nicht geliebt

Woran merken/merkten Sie, dass Sie geliebt werden bzw.
worden sind?

_____

_____

Können Sie sich an Ihre ersten bewussten Liebeserfahrun-
gen erinnern?

Lieben Sie Ihre Eltern, Bezugspersonen, Geschwister,
Freunde etc.?

Wofür sind Sie Ihren Eltern dankbar?

Woran merken Sie, dass Sie jemanden lieben?

- ♥ Weil ich diesem Menschen etwas Gutes tun will.
- ♥ Weil ich diesen Menschen vermisse, wenn er nicht in
  meiner Nähe ist.
- ♥ Weil ich mich geliebt fühle.
- ♥ Weil ich mit diesem Menschen Zeit verbringen will.

- ♥ Weil mir die Meinung dieses Menschen wichtig ist.
- ♥ Andere Gründe:_____

_____

_____

_____

Sind Sie ständig auf der Suche nach jemanden, der Sie bedin-
gungslos liebt? Suchen Sie unablässig nach Liebesbeweisen?
Lieben Sie nur, weil Sie geliebt werden?
Suchen Sie nach einem Partner, der alle Ihre Bedürfnisse ab-
deckt?
Fühlen Sie sich oft leer und einsam?

....

Fallen Ihre Antworten insgesamt eher negativ aus, dann hat-
ten Sie ungünstige Startbedingungen für die Welt der Liebe.
Setzen Sie sich nun gezielt mit den Themen Selbstwert,
Selbstliebe, Abhängigkeit und Versöhnung auseinander.

Auch wenn Sie im ersten Moment den Eindruck haben,
dass Ihr Start ins Leben eher lieblos und vielleicht sogar ge-
waltvoll verlaufen ist und Sie von Ihren Eltern oder Bezugspersonen wenig Zuneigung erfahren haben, werfen Sie einen
zweiten oder dritten Blick zurück auf Ihre Kindheit. Suchen
Sie ganz explizit nach Situationen, Personen, Erlebnissen, in
denen Sie sehr wohl Zuwendung, Liebe, Wertschätzung und
Akzeptanz erfahren haben. Manchmal sind diese Erfahrungen durch unsere Dramen verdeckt.

Die Tatsache, dass Sie am Leben sind, bedeutet, dass Sie
mehr Positives bekommen haben, als Ihnen bewusst ist. Wer

oder was ist für Sie ein Nährboden gewesen? Wer hat Sie in den Arm genommen, wahrgenommen, gestreichelt, mit Ihnen gelacht und Sie getröstet?

Vielleicht hat diese Rückschau auch gezeigt, dass Sie über Ressourcen verfügen, die derzeit durch den aktuellen Kummer verschüttet sind. Kommen Sie mit Ihren Kraftquellen in Kontakt und beginnen Sie, diese Mittel für Ihren Heilungsprozess zu nutzen.

Wer bin ich?

Die Voraussetzung, um Probleme zu lösen und Krisen zu bewältigen, ist, dass wir uns selbst kennen, verstehen und lieben.

Identität

»Wer bin ich?« Die existenzielle Antwort auf diese Frage wird als Identität verstanden. Unsere Identität bildet sich durch Identifikationen. Das können sozialer Status, Partnerschaft, Besitz, Aussehen, körperliche und geistige Leistungsfähigkeit sein.

Wie gut wir Krisen bewältigen, hängt stark von unseren Ressourcen ab. Für eine Ressourcenanalyse eignen sich – aus unserer Sicht – die Identitätssäulen des Psychologen Hilarion Petzold sehr gut.

Sie können einen wertvollen Beitrag für die Bewältigung von Krisen darstellen. Es wird rasch erkennbar, welche Säulen schwanken, angeknackst oder gebrochen und welche Säulen intakt sind und Stabilität und Kraftquellen bieten.

Die fünf Säulen der Identität

1. Die Leiblichkeit

Wie steht es um Ihren körperlichen Allgemeinzustand? Gibt es Beeinträchtigungen, Krankheiten, Süchte, Abhängigkeiten und wie gehen Sie damit um? Wie belastbar fühlen Sie sich? Wie gehen Sie mit Stress und Schmerzen um? Wie stehen Sie zu Ihrem eigenen Körper? Fühlen Sie sich wohl in Ihrem Körper? Achten Sie auf Signale Ihres Körpers? Wie erleben Sie Sexualität? Wie gehen Sie mit Aktivität und Entspannung um?

2. Die sozialen Beziehungen

Wie steht es um Ihre Beziehungen in der früheren und heutigen familiären Situation? Gibt es enge Beziehungen im Freundes- und Familienbereich? Wie verfügbar sind diese Personen? Gab es Veränderungen der sozialen Beziehungen durch Verluste, Umzüge oder Trennungen? Wie erleben Sie sich in Ihren Beziehungen? Wer hilft Ihnen bei der Lösung von Konflikten?

3. Arbeit und Leistung, Freizeit

Welche Ausbildungen wurden begonnen/abgebrochen/absolviert? Wie sehen Sie sich im Vergleich zu Ihrem sozialen Umfeld? Welchen Beruf üben Sie aus? In welcher Ausbildung befinden Sie sich? Gibt es einen Veränderungwunsch? Welche Erfahrungen gibt es zu den Themen Zufriedenheit,

Anerkennung, Ermutigung, Entmutigung? Welche beruflichen Perspektiven und Hoffnungen gibt es? Fühlen Sie sich
in Ihrer beruflicher Tätigkeit – Inhalt, Sinn, Kollegen, Rahmenbedingungen etc. – wohl? Wie sieht das Verhältnis zwischen Arbeit und Freizeit aus?

4. Materielle Sicherheiten

Sie gehören zu unseren wichtigsten Grundbedürfnissen. Erst
wenn unsere Existenz gesichert ist, können wir uns anderen
Bedürfnissen widmen. Zuerst die Nahrung, dann die Lust.
Fühlen Sie sich finanziell gut abgesichert? Gibt es einen
sozialen Auf- oder Abstieg in der eigenen Geschichte oder in
der Familie? Wie gehen Sie mit Geld um? Welche Perspektiven gibt es? Wie sieht Ihre Wohnsituation aus? Welche Ziele
und Wünsche gibt es im finanziellen Bereich?

5. Werte und Normen

Diese Säule beinhaltet Lebensziele, Wünsche, Glauben, Spiritualität, Moral, Erziehung und den Sinn des Lebens. Persönliche Werte und Normen tragen die Persönlichkeit und
Identität. Wie weit sind diese Werte mit dem Umfeld gekop-
pelt? Was ist Ihre »persönliche Lebensphilosophie«? Wofür
stehen Sie ein?

Nehmen Sie sich Zeit und setzen Sie sich mit diesen fünf
Säulen auseinander. Vielleicht haben Sie auch Lust, diese auf-
zuzeichnen. Welche Säule ist weggebrochen oder stark ge-
schwächt? Welche Säulen bieten Ihnen Halt und Sicherheit,
und wodurch fühlen Sie sich gut getragen?

Ist eine Säule brüchig oder bricht weg, können eine oder andere Säulen das Defizit ausgleichen. Wenn mehrere Säulen brüchig werden, können andere stabile Bereiche ins Wanken kommen. So gesehen sind die Identitätsbereiche voneinander abhängig und beeinflussen sich gegenseitig.

Betrachten wir das näher: Durch einschneidende Lebensereignisse kann es zu Identitätskrisen kommen, z. B. Verlust einer nahestehenden Person, Trennung oder Scheidung, Arbeitslosigkeit, Krankheit, Existenzangst etc. Eine harmonische Partnerschaft kann eine nicht zufriedenstellende berufliche Situation erträglicher gestalten. Bricht die soziale Säule durch den Verlust eines geliebten Menschen ein, können die anderen intakten Säulen wichtige Ressourcen für die Bewältigung darstellen.

Die Pflege und Stärkung unserer Identitätssäulen stellen einen wichtigen Beitrag zu unserem Selbstwert dar und dienen als Voraussetzung für eine stabile, tragfähige Beziehung.

Auch für die Partnersuche können diese Säulen sehr hilfreich sein. Rasch können Sie abklären, in welcher Verfassung sich Ihr Gegenüber befindet. »Sein und Schein« können so sehr schnell zum Vorschein kommen.

Setzen Sie Prioritäten!

Beantworten Sie folgende beiden Fragen ganz spontan für sich:

1. »Was ist Ihnen in Ihrem Leben am wichtigsten, was liegt Ihnen am Herzen?«

2. »Wofür verwenden Sie die meiste Zeit in Ihrem Leben?«

Wir haben vielen Menschen diese Frage gestellt, und am häufigsten war die Antwort: Gesundheit und Liebe / Partnerschaft / Familie. Warum aber verbringen wir dann die meiste Zeit damit, zu arbeiten und Geld zu verdienen? Um Dinge zu kaufen, die wir nicht brauchen, um Menschen zu beeindrucken, die wir vielleicht gar nicht mögen, mit Geld, das wir nicht haben.

Was denken Sie, warum das so ist? Um durch »Schein« ein angeknackstes »Sein« zu kompensieren?

Sollten Ihnen andere Qualitäten am Herzen liegen, dann überprüfen Sie, ob die beiden Antworten für Sie stimmig sind. Wie viel Beachtung und Engagement schenken Sie jenen Dingen in Ihrem Leben, die Ihnen am Herzen liegen?

Meine eigene Gesundheit und mein Wohlbefinden haben ebenso mit Liebe zu tun wie die Liebe zu einem anderen Menschen. Erst wenn es mir selbst gut geht und ich mit meinem Leben zufrieden bin, bin ich frei und offen für die Liebe zu einem anderen Menschen. Wenn es mir schlecht geht, Unzufriedenheit das beherrschende Gefühl in meinem Leben ist, vermag ich es nicht, anderen Freude und Liebe zu schenken. Kurzum, wenn es mir schlecht geht, geht es auch meiner Umwelt schlecht.

Nehmen Sie sich nun etwas Zeit, suchen Sie einen ruhigen Platz und versuchen Sie die folgenden Fragen für sich selbst zu beantworten.

- ♥ Sind Sie mit Ihrem derzeitigen Privatleben zufrieden?
- ♥ Sind Sie mit Ihrem derzeitigen Berufsleben zufrieden?

- Sind Sie mit Ihrer familiären Situation zufrieden?
- Haben Sie einen intakten Freundeskreis?
- Fühlen Sie sich insgesamt wohl?
- Haben Sie Hobbys, Interessen, denen Sie auch nachgehen?
- Wie entspannen Sie sich am besten?
- Was tun Sie Gutes für sich selbst?
- Wie verwöhnen Sie sich selbst?
- Welche Wünsche und Bedürfnisse haben Sie in Ihrem Leben?
- Wovon träumen Sie?
- Was möchten Sie gerne (noch) erleben oder erreichen?
- Kennen Sie Ihre Stärken und Schwächen? Wenn ja, wie gehen Sie damit um?
- Kennen Sie Ihre Grenzen? Achten Sie Ihre Grenzen?
- Können Sie »Nein« sagen?
- Wie gehen Sie mit Misserfolg und Leid um?
- Können Sie sich selbst feiern (Geburtstage, berufliche Erfolge etc.)?
- Stehen Sie gerne im Mittelpunkt?
- Wer ist der wichtigste Mensch in Ihrem Leben?
- Finden Sie sich attraktiv?
- Finden Sie Ihr Leben lebenswert?
- Finden Sie sich liebenswert, und lieben Sie sich selbst?

Welche Gefühle entstehen in Ihnen, wenn Sie sich Ihre Antworten ansehen? Möchten Sie gerne etwas ändern, oder fallen Ihnen Schwachpunkte auf? Was hindert Sie daran, Dinge, die Sie ändern wollen, auch wirklich zu ändern? Achten Sie gut auf sich?

Wenn Ihre Antworten überwiegend negativ ausfallen und Ihr Grundgefühl »Unzufriedenheit« heißt, wenn Sie das Gefühl haben »gelebt zu werden« und eher eine resignative Haltung eingenommen haben, dann wird es Zeit, Ihr Leben auf den Kopf zu stellen. Es wird Zeit, dass Sie auf Ihrer Lebensbühne in die Hauptrolle schlüpfen und außerdem die Regie übernehmen. Setzen Sie Grenzen, halten Sie Stopp-Schilder bereit, stärken Sie Ihr Mitgefühl für sich selbst. Nehmen Sie Ihre Bedürfnisse ernst und stehen Sie dazu.

Wer ist der wichtigste Mensch in Ihrem Leben?
Es gibt nur eine richtige Antwort, nämlich SIE selbst.

Die Voraussetzung für erfüllende soziale Kontakte ist, dass Sie gut auf sich achten, um auch auf andere achten zu können.

Wie viel Zeit verbringen Sie mit sich selbst?
Stellen Sie sich eine Uhr vor (24-Stunden-Einteilung).
Tragen Sie Ihre momentanen, tatsächlichen Zeiten wie folgt ein:

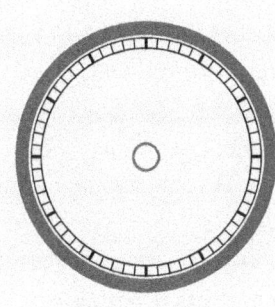
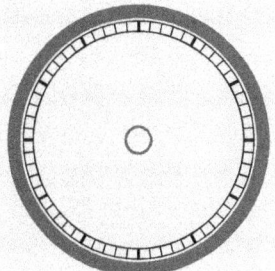

00:00 bis 12:00 Uhr   12:00 bis 00:00 Uhr

...... Schlafenszeiten
...... Arbeitszeiten
...... Haushalt
...... soziale Verpflichtungen (Organisation) – Familie,
      Partnerschaft, Freundschaft, Vereinstätigkeiten
      etc.
...... sonstige Pflichten und Erledigungen
...... »Liebesmomente«: Partnerschaft (Zweisamkeit),
      Familie, Freunde etc.
...... »Genussmomente«: Interessen, Sport, Entspan-
      nung etc.
...... Zeit für mich

Unser Leben besteht aus Arbeitszeit und Freizeit, Anspannung und Entspannung.

Die Freizeit stellt einen wichtigen Gegenpol zu den täglichen Herausforderungen des Arbeitslebens dar und sollte
dementsprechend sinnvoll genutzt werden.

Beantworten Sie in Ruhe folgende Fragen zum Thema Freizeitgestaltung und Selbstfürsorge:

- Wie verbringen Sie Ihre Freizeit?
- Wie entspannen Sie sich?
- Was tun Sie für sich selbst?
- Nehmen Sie sich Zeit für sich selbst?
- Nehmen Sie sich Zeit für Ihre Interessen, Gedanken,
  Visionen, Sport, Hobbys, Genuss, Entspannung?
- Was tun Sie für Ihre Gesundheit, Ihre Zufrieden-
  heit, Ihr Wohlbefinden?
- Wie viel Zeit nehmen Sie täglich in Anspruch, um sich
  zu entspannen? Oder anders: Wie viel Zeit würden
  Sie eigentlich brauchen, die Sie sich aber nicht gön-
  nen?

Sie sind mit Ihrem Zeitmanagement zufrieden und haben
ausreichend Zeit für sich, dann gratulieren wir herzlich:
Weiter so! Oder fällt Ihnen die Beantwortung dieser Fragen
schwer? Lösen die Fragen Unbehagen aus? Sind Sie ständig
unter Zeitdruck und haben das chronische Gefühl, zu wenig
oder gar keine Zeit für eigene Bedürfnisse und Erholung zu
haben?

Wenn es einen Veränderungswunsch gibt, gehen Sie diesem nach. Seien Sie selbstfürsorglich! Achten Sie auf eine
Balance zwischen Arbeitszeit und Freizeit. Machen Sie kurze
und lange Pausen. Delegieren Sie! Planen Sie Urlaube ein.

Achten Sie auch auf Ihre Freizeitgestaltung, welche manchmal aufgrund zu vieler Treffen oder Aktivitäten auch zum Stress werden kann.

Zeit hat man nicht – die nimmt man sich für das, was einem wichtig ist!

Ihr soziales Umfeld

Betrachten Sie Ihr Umfeld genauer. Nehmen Sie ein Blatt Papier und verschiedene Farbstifte. Zeichnen Sie in der Mitte des Blattes einen Kreis und schreiben Sie Ihren eigenen Namen hinein. Dann zeichnen Sie in das Umfeld weitere Kreise und beschriften Sie diese mit den Namen für Sie wichtiger Personen, also Menschen, mit denen Sie mehr oder weniger in Kontakt stehen.

Wählen Sie für jede Person eine für sie passende Farbe. Achten Sie auf Farben, Nähe und Distanz zu Ihrem eigenen Kreis.

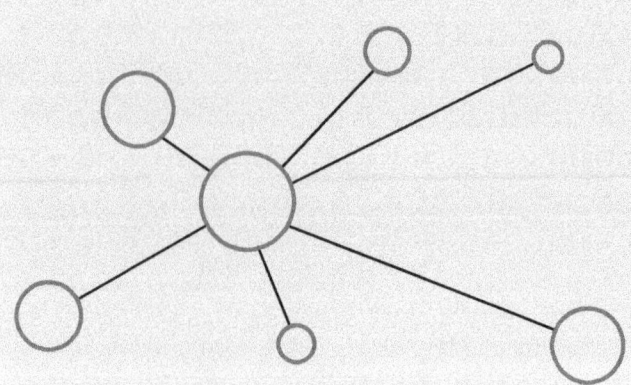

Wenn Sie fertig sind, betrachten Sie Ihr Bild.

- ❤ Was fühlen Sie? Welche Stimmung löst dieses Bild insgesamt aus?
- ❤ Welche Gefühle lösen die verschiedenen Menschen in Ihrem Umfeld aus, wenn Sie deren Namen lesen?
- ❤ Von wem fühlen Sie sich missverstanden, verstanden, gut genährt, geliebt etc.? Spüren Sie Sicherheit, Geborgenheit und Liebe? Kommen Enttäuschung, Kränkung und Ärger hoch oder gibt es noch ganz andere Gefühle?
- ❤ Gibt es Menschen, für die Sie nur die Klagemauer sind?
- ❤ Sind die Kontakte ausreichend, stehen Sie eher isoliert oder gar alleine da?

Löst dieses Bild überwiegend negative Gefühle in Ihnen aus, dann stellen Sie sich die Frage, ob Sie an den Kontakten etwas verändern können oder wollen. Was brauchen Sie, um diese Veränderung bewerkstelligen zu können?

Oft sind wir von zahlreichen Menschen umgeben, die sich als Energie-Vampire herausstellen und täglich mit neuen Dramen und Tragödien aufwarten, ständig ihr Leid klagen, aber offensichtlich keine Lösungen wollen. Diese Menschen werden Sie langfristig schwächen und erschöpfen.

Wenn das Bild hingegen überwiegend positive Gefühle auslöst, dann sind Sie in der glücklichen Lage, von hilfreichen und liebevollen Menschen umgeben zu sein. Intensivieren Sie diese positiven Kontakte! Schätzen Sie diese Menschen in Ihrem Leben! Anstelle der Namen können Sie auch bestimmte Aktivitäten oder Wünsche eintragen und darüber nachdenken, manches zu intensivieren, zu reduzieren oder zu realisieren.

Wenn Sie denken, zu vielen Aktivitäten und Hobbys nachzugehen, schauen Sie einmal, ob vielleicht eine Pause angesagt ist.

Ein Zuviel an Kontakten, Aktivitäten, Hobbys oder auch Wünschen und Erwartungen führt in den meisten Fällen zu Überforderung, Erschöpfung und Enttäuschung. Ein Zuwenig von all dem führt meist zu Isolation, Langeweile und Frustration.

Versuchen Sie, ein Gleichgewicht zu schaffen, welches sich für Sie stimmig und angenehm anfühlt. Wenn Sie es alleine nicht bewerkstelligen können, suchen Sie Unterstützung.

Wie sind Sie bisher mit Verlusten bzw. Trennungen, Misserfolgen und Konflikten umgegangen?

Beim Umgang mit dem Kummer mit der Liebe spielt unsere Lebenserfahrung eine wesentliche Rolle. Haben wir schon mehrere Trennungen verarbeitet, heißt das zwar nicht, dass wir keine Schmerzen mehr haben, wenn es uns wieder einmal erwischt, aber wir können bei der Bewältigung auf diese Erfahrungen zurückgreifen. Schließlich haben wir diese schmerzhaften Erlebnisse schon ein oder mehrere Male durchgemacht.

Wie sind Sie Ihren Trennungen begegnet? Wie haben Sie diese in der Vergangenheit bewältigt? Welche Strategien haben Sie angewandt? Was haben Sie als hilfreich erlebt? Welche Menschen haben Sie in solchen Situationen gestützt und begleitet? Wo sehen Sie Ihre Ressourcen in Krisensituationen?

Körper, Geist und Seele

»Ändert sich der Zustand der Seele,
so ändert dies zugleich auch das Aussehen des Körpers.
Ändert sich das Aussehen des Körpers,
so ändert dies auch den Zustand der Seele!«

ARISTOTELES

Für den Heilungsprozess, aber auch um sich zu stärken, nutzen Sie die körperliche, geistige und seelische Ebene.

Körper-Ebene

Gerade wenn wir Kummer mit der Liebe haben, führt die Traurigkeit zu Niedergeschlagenheit, was sich in einem Mangel an Bewegung zeigt. Oft kommt es zu einem Rückzugs- und Vermeidungsverhalten auf allen Ebenen. Aktivitäten und Kontakte werden reduziert oder eingestellt. Geistige Tätigkeiten flachen ab.

> Stillstand ist wie Treibsand. Kommen Sie in Bewegung!
> Suchen Sie sich einen Ort im Freien, wo Sie sich wohlfühlen, und beginnen Sie mit langsamen Schritten in Ihrem Tempo. Nehmen Sie den Boden wahr, Ihre Umgebung, den Geruch, atmen Sie tief ein und aus. Machen Sie Pause vom Leiden. Vielleicht sind es zu Beginn nur fünf Minuten, vielleicht gehen Sie die nächsten paar Wochen einfach nur langsam einen Weg Ihrer Wahl. Öffnen Sie Ihre Sinne und geben Sie Ihrer Sinnlichkeit wieder Platz.
> Steigern Sie Ihr Tempo, wenn es sich stimmig anfühlt.

In anderen Fällen kann es auch zu gesteigerter Aktivität kommen, dazu, ständig in Bewegung zu sein, egal ob Arbeit, Kontakte, Unternehmungen etc., was häufig einem Fluchtverhalten gleicht. Viele Menschen berichten, dass sie auf diese Weise ihren Schmerz gut in Schach halten. Hier kann es hilfreich sein, innezuhalten, zur Ruhe zu kommen, den Schmerz wahrzunehmen und zu versorgen.

Kummer bedeutet ebenso Stress wie andere alltägliche Belastungen, und Stress wird immer begleitet von diversen Stresshormonen, die uns schwächen und uns schaden. Wie bekommen wir diese Hormone wieder aus unserem Blut? Ganz einfach – durch Ausdauersport. Der angenehme Nebeneffekt: Sie bekommen Ihren Kopf frei, stärken Ihr Immunsystem und Ihr Körper wird straff und fest. Das wiederum wirkt sich positiv auf Ihre Ausstrahlung aus, es erhöht nebenbei Ihr Charisma.

Ernährung

Die Ernährung hat Auswirkungen auf unsere Gesundheit und unser Wohlbefinden. Ständiges Fast Food, Fertiggerichte, einseitige oder mangelhafte Ernährung führen in den meisten Fällen zu vermehrter Müdigkeit, geistiger und körperlicher Trägheit, Gewichtsschwankungen, allgemeinem Unwohlsein und vielen Krankheiten. In Krisenzeiten verliert sogar unser Lieblingsgericht an Geschmack. Versuchen Sie, wieder Geschmack am Leben und am Essen zu finden. Beleben Sie Ihre Geschmacksnerven wieder. Sie wissen, Liebe geht durch den Magen, auch die Selbstliebe. Beginnen Sie mit Kleinigkeiten, die Ihnen schmecken. Kochen Sie selbst oder gehen Sie in Ihr Lieblingsrestaurant und lassen sich bekochen! Achten Sie ebenso auf ausreichende Flüssigkeitszufuhr. Auch Nikotin, Alkohol, Medikamente und andere Drogen wirken sich negativ auf Körper, Geist und Seele aus. Aber bekannterweise macht die Dosis das Gift. Der Zeitfaktor ist ebenso ein wesentlicher Punkt. Wenn wir kurzfristig unseren Alkohol- und Zigarettenkonsum erhöhen und unregelmäßig essen, weil zum Beispiel die Sommer- oder Weihnachtszeit mit vielen Festivitäten verbunden ist, dann werden die Auswirkungen geringer sein. Wird aber ein ungünstiger Lebensstil zur Gewohnheit, können wir krank werden.

Achten Sie auf Ihre Ernährung! Holen Sie sich – wenn nötig – professionelle Unterstützung.

Geistige Ebene

Auch die geistige Nahrung in Form mancher Gespräche, Bücher, Zeitschriften etc. kann sich nachteilig auf unser Wohlbefinden auswirken.

Wenn Sie Ihren Geist nur mit schlichten TV-Programmen füttern und über das Lesen der Schlagzeilen der Tageszeitung nicht hinauskommen, Ihre Gespräche überwiegend sinnentleert, wenig anregend und sehr vom Leid bestimmt sind, wird Ihr Geist verkümmern, denn auch er will bewegt und gefordert werden. Suchen Sie sich in Zeiten des Leids auch tröstende Filme und Literatur. Schauen Sie, was wirklich zu Ihrer Stimmung passt. Gehen Sie sorgsam mit sich um.

Action-, Horror- oder Kriminalfilme und Ähnliches regen uns vielleicht genauso an wie politische Diskussionsrunden, aber Entspannung findet unser Geist auf Dauer nicht. Unser Geist will angeregt werden, aber auch Zeit zum Verdauen dieser Eindrücke haben. Wenn Ihnen danach ist, sich einen Klassiker der Liebe anzuschauen und hemmungslos zu weinen, dann gönnen Sie sich das, ebenso das Hören von Liebesliedern. Aber achten Sie darauf, ob Sie damit tiefer in die Leidensspirale abdriften oder ob es den Heilungsprozess fördert.

Wenn Ruhephasen nur noch während der Schlafphasen stattfinden und der Tag mit Aktivitäten und Tätigkeiten zugepflastert wird, dann wird sich früher oder später Erschöpfung einstellen und die Sehnsucht nach Ruhe und Entspannung sich immer öfter bemerkbar machen.

Die Kraft Ihres Geistes
Mein Glaube kann Berge versetzen! Lassen Sie diesen Satz auf sich wirken!

Wir alle sprechen mit uns selbst, und das den ganzen Tag über. Welche der folgenden Sätze könnten zu Ihnen passen?

- »Das schaffe ich nicht!«
- »Das halte ich nicht aus!«
- »Das kann ich nicht!«
- »Ich schnappe über!«
- »Ich bekomme die Krise!«
- »Ich werde das nie überwinden!«
- »Ich werde das nicht überleben!«

Angebot
Nehmen Sie zwei Stühle. Der eine Stuhl steht für eine negative Formulierung, die Sie gut kennen, der andere steht für die positive.
Zum Beispiel: »Das schaffe ich nicht!« – »Das schaffe ich!«
Setzen Sie sich zuerst auf den Stuhl mit der negativen Formulierung und anschließend auf den Stuhl mit der positiven Formulierung.

Lassen Sie beide Sätze auf den jeweiligen Stühlen auf sich wirken und spüren Sie den Unterschied. Probieren Sie es aus!

Geben Sie sich die Chance, die bisher negative Prophezeiung zu einer positiven zu machen.

Mit unseren Gedanken können wir viele Geschehnisse positiv beeinflussen. In der Psychologie nennt man das den »Effekt der sich selbsterfüllenden Prophezeiung«.

Bei einer sich selbsterfüllenden Prophezeiung handelt es sich um eine Vorhersage, die sich genau deshalb erfüllt, weil wir an dieser Prophezeiung festhalten und an sie glauben. Wir verhalten uns dann aufgrund dieser Prophezeiung genau so, dass sich diese tatsächlich erfüllt. Lesen Sie etwa in Ihrem Tageshoroskop, dass Sie diese Woche einen netten Mann treffen werden, gehen Sie vermutlich aus und kommen gerade deshalb tatsächlich mit irgendeinem Mann ins Gespräch. Sie haben daran geglaubt und sind ausgegangen. Die Gültigkeit des Horoskops ist damit aber keineswegs bewiesen.

Autogenes Training, progressive Muskelentspannung und Meditation

Damit sich Ihr Leid mindert und Ihr Schmerz erträglicher wird, empfehlen wir unter anderem autogenes Training, progressive Muskelentspannung und Meditation.

Es gibt ausreichend Angebote dieser Entspannungsmethoden am Markt, die wir kurz vorstellen möchten.

Falls Sie Bedenken haben oder Gefühle hochkommen, mit denen Sie alleine nicht zurechtkommen, suchen Sie sich professionelle Unterstützung.

Autogenes Training

Beim autogenen Training handelt es sich um eine einfache Form der Selbsthypnose, die Ihr Leben auf vielfältige Weise erleichtern kann. Es hilft, körperliche Beschwerden zu lindern, Stress zu reduzieren und Ihre Lebensziele zu verwirklichen.

Ruhe, Schwere und Wärme stellen die Grundübung des autogenen Trainings dar. Der Körper wird schwer, die Muskulatur lockert sich, und gleichzeitig lösen sich Verspannungen. Die Wärme sorgt für eine verstärkte Durchblutung des gesamten Körpers.

Sie können auch Formeln einbauen, die positiv und kurz formuliert sein sollen.

Beispiele:

- Stresssituationen: »Ich bleibe ruhig und gelassen« oder »Ruhe kommt von selbst«
- Kopfschmerzen: »Mein Kopf ist frei und leicht« oder »Mein Kopf ist gelöst und klar«
- Atembeschwerden: »Meine Atmung ist ruhig, frei und leicht« oder »Mit jedem Atemzug gleite ich tiefer in die Entspannung«
- Erholung in kurzer Zeit: »In zehn Minuten bin ich frisch und munter«

Progressive Muskelentspannung nach Jacobson

Bei der progressiven Muskelentspannung nach Edmund Jacobson handelt es sich um die bewusste An- und Entspannung einzelner Muskelgruppen, wodurch ein Zustand tiefer Entspannung des ganzen Körpers erreicht werden soll. Es geht darum, einzelne Muskelpartien kurz anzuspannen, diese Muskelspannung kurz zu halten und anschließend wieder zu lösen. Entscheidend ist hier die Konzentration auf den Wechsel zwischen An- und Entspannung und die Empfindungen, die dadurch ausgelöst werden.

Das Ziel der progressiven Muskelentspannung ist:

- Senkung der Muskelspannung
- bessere Körperwahrnehmung
- Reduzierung von körperlicher Unruhe oder Erregung (z. B. Schwitzen, Zittern, Herzklopfen)
- Verringerung von Schmerzzuständen

Sie können diese Übung im Sitzen, Stehen oder Liegen durchführen. Spannen Sie von Kopf bis Fuß jeden Muskel bewusst (aber nicht schmerzhaft) einzeln für circa zehn Sekunden an und entspannen Sie diesen danach wieder. Fühlen Sie den Unterschied zwischen Anspannung und Entspannung und beobachten Sie, ob sich eine positivere Selbstwahrnehmung einstellt.

Meditation

Mittels Meditation können Sie Körper, Geist und Seele entspannen, beruhigen, stärken, heilen und versöhnen. Alle Menschen, mit religiöser Überzeugung oder ohne, können diese Methode anwenden. Stille, Leere, Eins-Sein, Im-Hier-und-Jetzt-Sein oder Frei-von-Gedanken-Sein sind die zentralen Begriffe der Meditation.

»Die Stille ist die größte Offenbarung!«

LAOTSE

Die Wirkungen von Meditation sind:

- körperliche bzw. muskuläre Lockerung
- Abbau von psychischen Spannungen, Ängsten, Schuldgefühlen
- Abbau von stressbedingten Beschwerden: Schlaflosigkeit, Bluthochdruck, Herzrhythmusstörungen, Nervosität
- Verbesserung der Gesamtstimmung
- Steigerung der Kreativität, Energie und Produktivität

Ziele, die Sie mithilfe der Meditation erreichen können, sind:

- Lösen von Muskelverspannungen – Ihr Körper wird geschmeidiger
- Steigerung der Konzentrationsfähigkeit
- selbst gesteuerte Bewusstseinsveränderungen

Egal welche Art von Meditation Sie wählen – Meditation bedeutet, ganz allgemein die Konzentration auf ein Objekt, das Meditationsobjekt, zu richten, im Unterschied zu anderen Handlungen, bei denen Sie sich auf wechselnde Reize konzentrieren (z. B. wenn Sie ein Buch lesen, Schach spielen etc.).

Grundkenntnisse zur Meditation

Suchen Sie einen ruhigen, angenehmen und ungestörten Ort auf, entweder im Freien oder in einem gut gelüfteten Raum. Kühl ist besser als zu warm, damit Sie nicht einschlafen. Halten Sie dennoch eine Decke bereit, falls es Ihnen zu kalt wird.

Setzen oder legen Sie sich in bequemer Haltung hin.

Mittels Meditation können Sie Ihre körperliche und geistige Ebene vereinen, indem Sie sich völlig auf die Gegenwart, auf das Hier und Jetzt konzentrieren.

Atmen Sie ein und nehmen Sie bewusst wahr, dass Sie einatmen.

Atmen Sie aus und nehmen Sie bewusst wahr, dass Sie ausatmen.

Beginnen Sie mit fünf bis zehn Minuten und steigern Sie in Ihrem Tempo die Meditationseinheiten auf eine Stunde. Sie können sich auf ein Objekt, zum Beispiel eine Kerze, konzentrieren und damit ganz ins Hier und Jetzt eintauchen. Lassen Sie auftauchende Gedanken ziehen und konzentrieren Sie sich ganz auf das Hier und Jetzt. Sie merken ganz schnell, dass damit Ängste und Anspannung rasch verschwinden, sobald Sie sich im jetzigen Augenblick befinden.

Sie können auch positive Sätze, die für Sie passend sind, formulieren.

Wenn Sie Ihre Meditation beenden wollen, sagen Sie sich in Gedanken: »Ich beende meine Meditation und kehre in mein Alltagsbewusstsein zurück.« Nehmen Sie Ihre Umgebung wieder wahr und richten Sie Ihre Aufmerksamkeit auf die Außenwelt.

Auf der körperlichen Ebene: Kommen Sie in Bewegung, strecken Sie sich, spannen Sie alle Ihre Muskeln an und lassen Sie bewusst locker. So findet auch Ihr Körper wieder aus der Entspannung zurück. Nehmen Sie sich Zeit für das Aufstehen und das Zurückkommen in den Alltag.

Angebot
Nehmen Sie sich fünf Minuten Zeit für sich. Suchen Sie sich einen ruhigen und angenehmen Raum und setzen Sie sich in bequemer Position auf den Boden. Wenn Sie möchten, verwenden Sie ein Sitzkissen oder eine Decke. Beobachten Sie Ihre Atmung, konzentrieren Sie sich, wie Ihre Atmung fließt und immer ruhiger wird. Korrigieren Sie – wenn nötig – Ihre Sitzposition und kommen Sie zur Ruhe. Schließen Sie die Augen. Konzentrieren Sie sich nun für die nächsten fünf Minuten auf das Wort »Liebe«.
Wenn Ihr Geist wegwandert, lassen Sie ihn wegwandern, kommen Sie wieder zurück zum Wort »Liebe«.

- Welche Gefühle löst dieses Wort in Ihnen aus?
- Sind die Gefühle angenehm oder unangenehm?
- Spüren Sie Freude oder Enttäuschung?
- Wo im Körper spüren Sie diese Gefühle?

Wenn Sie zurückkommen wollen, nehmen Sie sich
Zeit, atmen Sie tief ein und aus, bewegen Sie sich langsam wieder, strecken Sie sich, öffnen Sie langsam wieder die Augen.
Vielleicht möchten Sie Ihre Erfahrungen einfach
nur nachwirken lassen oder niederschreiben. Möglicherweise sind Sie unruhig geworden, und Ihr Geist
ist weggewandert, dann probieren Sie es zu einem
anderen Zeitpunkt wieder.
Meditation ist Training und braucht Geduld. Aber es
lohnt sich!

Sollte Sie eine der kurz vorgestellten Methoden ansprechen
und wollen Sie mehr darüber erfahren, wenden Sie sich an
eine Person mit entsprechender Ausbildung.

Seelische Ebene

Seelische Kränkungen und Verletzungen bringen Niedergeschlagenheit und Traurigkeit. Vermeiden, Wegschauen
und Zudecken bringen uns der Glückseligkeit nicht näher,
sondern vermehren unser Leiden, und wir stumpfen ab. Lebenskrisen zeigen uns einerseits den Verlust, bieten aber andererseits auch eine Möglichkeit zur Entwicklung und zum
Wachstum.

Unser Leben besteht nicht nur aus Sonnentagen, auch die
Schlechtwettertage gehören dazu. Wir wachsen an Niederla-
gen, wenn wir den verschiedenen Dämonen des Lebens ins
Auge blicken und uns der Traurigkeit stellen.

Selbstversuch

Versuchen Sie einmal, einen Verlust, ein Nichterreichen, Nichtgelingen oder Nichtbekommen positiv zu kommentieren. Was könnte der positive Anteil sein? Wie könnte sich diese Situation dennoch positiv auf Ihr Leben auswirken?

Raus aus der Opferrolle

Ein Mensch, der immer wieder in Beziehungen landet, die sehr leidvoll und schmerzhaft sind, und enttäuscht und verlassen zurückbleibt, wird so lange leiden, bis er die Verantwortung für sein Handeln übernimmt und Antworten bzw. eine Lösung sucht.

Anne zum Beispiel landet wiederholt in den Armen rücksichts- und verantwortungsloser Männer, die sie nicht wahrnehmen und kaum in den Arm nehmen. Sie gibt alles, die Männer nehmen alles. Immer wieder keimt die Hoffnung auf: »Diesmal bemühe ich mich noch mehr, und dann werde ich belohnt.« Und immer wieder schlägt die Realität gnadenlos zu, und der Mann geht. »Männer können nicht lieben«, »Männer tun weh«, »Männer sind Schweine«, »Männer enttäuschen nur«, »Männer übernehmen keine Verantwortung«. Diese und ähnliche Sätze bestimmen ihr Denken. Aber auch die Fragen nach dem Warum und »Was ist los mit mir?« werden immer lauter.

Angebot

Nehmen Sie sich wieder fünf Minuten Zeit für sich. Suchen Sie sich einen ruhigen und angenehmen Ort und setzen Sie sich in bequemer Position auf den

Boden. Wenn Sie möchten, verwenden Sie ein Sitzkissen oder eine Decke. Beobachten Sie Ihre Atmung,
konzentrieren Sie sich, wie Ihre Atmung fließt und
immer ruhiger wird. Korrigieren Sie – wenn nötig –
Ihre Sitzposition und kommen Sie zur Ruhe. Schließen Sie die Augen. Widmen Sie sich in den nächsten
fünf Minuten Ihrem Schmerz. Wenn Ihr Geist wegwandert, lassen Sie ihn wegwandern, kommen Sie
aber wieder zurück zu Ihrem Schmerz.

- Woran ist Ihr Schmerz gebunden?
- Trauer oder Wut?
- Was braucht dieser verletzte, leidende Teil, was
  braucht dieser Kummer?
- Kann es Trost oder Rückenstärkung sein?
- Tränen laufen lassen?
- Bewegung oder Ruhe?
- Ein Gespräch oder eine Aktivität mit guten Freun-
  den?
- Oder etwas ganz anderes?
- Wo im Körper spüren Sie diese Gefühle?

Wenn Sie zurückkommen wollen, nehmen Sie sich
Zeit, atmen Sie tief ein und aus, bewegen Sie sich langsam wieder, strecken Sie sich, öffnen Sie langsam wieder die Augen. Nehmen Sie Ihre Gefühle und Ideen
aus dieser Reise mit, lassen Sie diese nachwirken
und überlegen Sie, welche Sie davon gerne umsetzen
möchten.

Glaube, Religion und Spiritualität

Egal, welcher Religionsgemeinschaft Sie angehören, wenn Sie ein gläubiger Mensch sind, dann nutzen Sie diese Kraftquelle für Ihren Heilungsprozess.

Nutzen Sie die positiven Aspekte der Liebe in der Religion, in denen der Wert der Liebe, das Mitgefühl und die Anteilnahme betont werden. Diese Werte beginnen primär bei Ihnen, nutzen Sie das als Anregung für Ihren Selbstwert, Ihre Religion und Ihre Spiritualität. Die altruistische Liebe, die Liebe, die allen gilt, gilt demnach auch für Sie!

Was bringt Glück und Zufriedenheit?

Wir wollen in diesem letzten Teil Ihre Aufmerksamkeit auf die positiven Qualitäten für ein erfülltes Leben lenken und Impulse für heilsame Gegenmittel gegen Kummer und Leid geben.

Das Prinzip des Hier und Jetzt

Der gegenwärtige Moment ist die wertvollste Zeit, die wir haben, denn die Gegenwart ist der Moment, in dem unser Leben stattfindet. Auch wenn wir körperlich anwesend sind, rast unser Geist oft zwischen Vergangenheit und Zukunft hin und her. Die körperliche und geistige Verbundenheit fehlt, und die Verzweiflung wächst, weil wir der Vergangenheit nachtrauern, mit ihr hadern und die Zukunft nicht erwarten können oder Befürchtungen hegen.

»Was wäre gewesen, wenn…« oder »Wenn ich bin/habe etc., dann…« sind häufige Begleitgedanken.

Achtsames Ein- und Ausatmen vereinigen Körper und Geist. Wir sind sofort im gegenwärtigen Augenblick. Ruhe stellt sich ein.

Der wichtigste Moment in Ihrem Leben ist der jetzige, und der wichtigste Mensch ist der, der diesen Moment gerade mit Ihnen teilt.

Nehmen wir an, Sie sitzen mit Freunden zusammen und führen ein Gespräch. Sie können sich aber nur schwer darauf konzentrieren, weil gerade Ihr Telefon läutet und Sie schon wieder dabei sind, einen Termin auszumachen, oder weil sich Ihre Gedanken mit Ihren Sorgen, Ängsten und Sehnsüchten beschäftigen.

Die wertvollsten Geschenke, die wir einem anderen Menschen machen können, sind folgende:

- unsere vollkommene Anwesenheit,
- unsere ungeteilte Aufmerksamkeit,
- unser Verständnis und Mitgefühl für ihn.

Erich Fromm schreibt, dass Liebe eine Kunst ist, die wir lernen müssen. Im Buddhismus bedeutet Liebe Training.

»Die Vergangenheit ist Geschichte,
die Zukunft ein Geheimnis
und die Gegenwart ein Geschenk!«

UNBEKANNT

Bewusstheitstechnik

Hier handelt es sich um Bewusstheitsfragen, die einen Weg zu Ihrem Selbst darstellen. Die Grundannahme der Gestalttherapie ist das »unerledigte Geschäft« eines Menschen. Das bedeutet, dass ein Mensch im täglichen Leben alles wiederholt, was er nicht zu einem befriedigenden Abschluss bringen kann. Es gilt die Blockierungen zu lösen, um zu einer kreativen Lösung zu kommen. Für Perls stellen die Bewusstheitsfragen einen wichtigen Beitrag für Veränderungsprozesse dar.

- ♥ Was tust du?
- ♥ Was fühlst du?
- ♥ Was möchtest du?
- ♥ Was vermeidest du?
- ♥ Was erwartest du?

Versuchen Sie sich diese Fragen in für Sie wichtigen Belangen zu stellen. Sie werden schnell erkennen, welche Möglichkeiten Sie haben.

Verbesserung der Wahrnehmungsfähigkeit

Häufig überlagern früher gemachte Erfahrungen aktuelle Wahrnehmungen. Wenn ein Mensch z. B. häufig kränkende Erfahrungen in Partnerschaften gemacht hat, kann es der betroffenen Person schwerfallen, unbelastet und offen einem neuen Menschen zu begegnen. Unsere Befürchtungen rücken in den Vordergrund und blenden das, was gerade da ist, aus.

Die Meinung »Alle Männer gehen fremd« kann Begegnungen in der Gegenwart verhindern, und der aktuelle potenzielle Kandidat wird mitunter verurteilt, bevor er noch versucht, Sie anzusprechen. Überprüfen Sie, was Sie noch aufzuarbeiten bzw. zu verdauen haben, um sich zu befreien.

Sinnlichkeit

In Zeiten von Leid und Kummer verlieren wir meist unsere Sinnlichkeit. Der Genuss geht verloren, der (Lebens-)Sinn ist oft getrübt und in Frage gestellt.

Nutzen Sie Ihre Sinnesorgane, um Ihre Sinnlichkeit wieder zu entdecken. Was riechen, schmecken, sehen, fühlen und hören Sie gerne? Was tut Ihnen gut?

Lachen ist die beste Medizin

Wenn wir Kummer mit der Liebe haben, neigen wir in der Regel dazu, das Leben durch die Brille der Ernsthaftigkeit zu sehen. Schaffen Sie Leidenspausen, schauen Sie Filme, die Sie zum Lachen bringen, lesen Sie Bücher, die Sie erheitern. Treffen Sie Menschen, die offen, gelassen und fröhlich sind, das kann außerordentlich ansteckend sein.

Die Gelotologie, die Lehre vom Lachen, besagt, dass Lachen unter anderem folgende positive Auswirkungen auf uns hat:

- Lachen wirkt gegen Schmerzen und Infektionen, indem es unser Immunsystem stärkt und unsere Stresshormone senkt.
- Lachen schüttet vermehrt Glückshormone (Endorphine) aus und löst Verspannungen. Mit dem Hochziehen der Mundwinkel richten wir uns automatisch auf und vermeiden eine traurige Grundhaltung. Bekanntermaßen

wirkt sich unsere Körperhaltung auch auf unsere Grundstimmung aus.

- ♥ Lachen lockert nicht nur die Gesichtsmuskulatur, sondern auch unsere Gedankenmuster. Wir schaffen es leichter, den Widrigkeiten des Lebens zu begegnen und eine distanzierte Sicht zu den belastenden Situationen, den handelnden Personen und zu uns selbst zu bekommen. Diese neue Perspektive schafft neue Lösungsansätze.

- ♥ Forscher sagen dem Lach-Faktor sogar dieselbe erfrischende Wirkung wie einem Entspannungstraining nach.

- ♥ Fröhliche Menschen sind beliebter, kontaktfreudiger und strahlen Gelassenheit und Optimismus aus.

Also: Machen Sie Lach-Pausen, es lohnt sich auf Ihrem Weg in die Freiheit!

Beziehungen gestalten und pflegen

Tauschen Sie sich aus, lassen Sie sich in den Arm nehmen und umarmen Sie liebgewonnene Menschen. Intensivieren Sie Freundschaften. Verbringen Sie Zeit mit Ihrer Familie. Gehen Sie auf Distanz zu Menschen, die Sie demotivieren, Ihnen mit Unverständnis begegnen oder Ähnliches.

Hilfsbereitschaft

Häufig berichten Menschen über zu viel Zeit, einsame Wochenenden, Langeweile und ungenutzte Urlaubstage. Sollten Sie sich in dieser Situation befinden, achten Sie auf Ihr Umfeld, vielleicht können Sie etwas zur Verfügung stellen, was jemand anderer braucht – Zeit, Unterstützung, vielleicht eine ehrenamtliche Tätigkeit, ein Sozialdienst, eine familiäre Entlastung etc. Sie könnten so Freude oder Entlastung in ein anderes Leben bringen, was zu einer sinnerfüllten Aktivität führen und einen Kontakt intensivieren kann. Gleichzeitig kann es Sie in eine positive Stimmung versetzen.

Verzeihen Sie sich selbst und anderen

Negative Gefühle von Enttäuschung, Ärger, Wut, Rachegedanken vergiften uns selbst, machen unfrei und bitter. Vergeben Sie, nicht für das Gegenüber, sondern für sich selbst. Der Mensch, der Sie gekränkt hat, konnte es offensichtlich nicht besser. Sie müssen das Verhalten nicht entschuldigen, sondern sollen auf Distanz gehen und sich lösen. Nicht für den Menschen, der Sie gekränkt hat, sondern für sich selbst.

Fall Sie mit sich selbst hadern, weil Sie das Gefühl haben, etwas falsch gemacht zu haben, seien Sie liebe- und verständnisvoll mit sich selbst.

Nutzen Sie die Natur!

In Japan gibt es seit 2012 den Forschungsbereich der Waldmedizin. Qing Li von der Nippon Medical School ist der bekannteste Waldmediziner der Welt. Laut Qing Li kann die Kraft der Bäume gegen organische Leiden helfen und Krebserkrankungen verhindern. Die Bäume setzen verschiedene organische Verbindungen frei – die Tapene, deren Wirkung der Wissenschaftler untersucht hat. Menschen mit erhöhten Tapenewerten haben eine deutlich höhere Zahl und Aktivität der körpereigenen Killerzellen und stärken so die Immunfunktion.

Die Waldluft enthält 99 % weniger Staubteilchen als die Stadtluft. Außerdem enthält sie ätherische Öle aus den Bäumen und hilft den Zellen bei der Regeneration der menschlichen Lunge. Außerdem können durch regelmäßige Waldspaziergänge Blutdruck und Herzfrequenz gesenkt werden, und die Nebenniere setzt weniger Adrenalin frei.

Nicht nur bei körperlichen Erkrankungen, sondern auch bei psychischen Problemen kann das Waldbad helfen. Die Luft und die Bewegung können in vielen Fällen Psychopharmaka ersetzen.

Nutzen Sie die Kraft der Natur! Setzen Sie Ihre Sinne ein! Egal ob Sie einen kurzen Spaziergang machen oder einen Berg besteigen. Achten Sie auf die Geräusche der Umwelt, den Duft der Pflanzen, die Farben, die Helligkeit und Klarheit, denen Sie überall in der Natur begegnen. Saugen Sie die Frische und Klarheit in sich auf. Setzen Sie sich auf den Boden und achten Sie auf das Gefühl. Lehnen Sie sich an einen Baum, genießen Sie den Halt und die Stütze. Bemerken Sie die Veränderung, die sich in Ihnen breitmacht, egal wie leise und sanft Sie diese wahrnehmen.

Rituale

Nutzen Sie Rituale in Form von kleinen Zeremonien, um sich von wichtigen Menschen oder Situationen zu verabschieden. Sie können diese auch zur Reinigung oder Erneuerung nutzen.

Verabschiedungs-Ritual

Wenn Sie Kummer mit der Liebe haben, können Rituale außerordentlich hilfreich für den Heilungsprozess sein. Im Falle einer Trennung vom Partner sind diverse Verabschiedungen, auch im Sinne der Beerdigung eines Lebensabschnittes, oft von großer Bedeutung. Sie können persönliche Dinge feierlich verschenken, vergraben, verbrennen, in einen Fluss werfen oder eine Verabschiedungs-Zeremonie veranstalten.

Reinigungs-Ritual

Wenn Sie das Bedürfnis haben, Ihre Wohnung auszuräuchern und zu reinigen, dann tun Sie das. Wenn Sie sich von einem Menschen, einem Lebensabschnitt oder einer kurzen Sequenz verabschiedet haben und Gegenstände, Räume oder sich selbst »gereinigt« haben, überdenken Sie ein Erneuerungs-Ritual.

Erneuerungs-Ritual

Sie können Rituale auch für Erneuerungsprozesse einsetzen. Als »Geburt« eines neuen Lebensabschnitts. Verkünden Sie feierlich den Beginn eines neuen Lebensabschnitts, teilen Sie Ihrer Umwelt mit, dass Sie bereit sind weiterzugehen, und tun Sie es auch. Lassen Sie Ihrer Phantasie freien Lauf!

Ausmisten

Neben Ritualen kann in Krisensituationen das Ausmisten einen Befreiungscharakter haben. Trennen Sie sich von belastenden Dingen, die Sie seit Ewigkeiten nicht mehr benutzen und nur noch abstauben, zum Beispiel Bücher, die Sie nie mehr lesen, oder Kleider, die Sie nicht mehr tragen. Sie können die Dinge verkaufen, spenden oder an liebe Menschen verschenken. Organisieren Sie einen Flohmarkt und trennen Sie sich von Ballast. Damit setzen Sie neue Energien frei!

Dankbarkeit

Dankbarkeit und Liebe sind enge Verwandte. Wenn wir dankbar sind, begegnen wir dem Leben und den Menschen mit Liebe und bekommen Liebe zurück. In Krisenzeiten sehen wir meist alles durch die »Defizit-Brille«, das heißt, wir sehen nur, was wir nicht haben, was wir nicht sind und nicht besitzen. Verlust und Mangel stehen im Vordergrund und verdrängen die Sicht auf das, was wir in unserem Leben haben und eigentlich schätzen sollten.

> *»Wir denken selten an das, was wir haben,*
> *aber immer an das, was uns fehlt.«*
>
> **ARTHUR SCHOPENHAUER**

Die Dankbarkeit zeigt uns den Weg zu unserem Reichtum. Denken Sie darüber nach, was Sie in Ihrem Leben schätzen, worüber Sie sich freuen und wofür Sie dankbar sind.

Kaufen Sie sich ein nettes Notizbuch nach Ihrem Geschmack und notieren Sie Ihre Glücks- und Genussmomente. Was ist heute gut gelaufen? Wofür sind Sie heute dankbar gewesen?

Nehmen Sie sich jeden Abend Zeit für die positiven Dinge, die Sie heute erlebt haben. Das kann ein Genussmoment gewesen sein, ein angenehmes Gespräch, eine nette Begegnung, eine gute Tat, ein Moment der Freude, des Lachens etc.

Nennen Sie mindestens zwei bis drei Dinge, und als Zusammenfassung beurteilen Sie den Tag – z. B. nach Schulnoten.

Bedanken Sie sich auch bewusst bei Menschen oder bei sich selbst, wenn Ihnen etwas gut gelungen ist.

Üben Sie sich in Gelassenheit, konzentrieren Sie sich auf das Wesentliche, lassen Sie sich inspirieren, finden Sie Ihre Balance und setzen Sie sich kleine und große Ziele.

> *»Wege entstehen dadurch,*
> *dass man sie geht!«*
>
> **FRANZ KAFKA**

Schlagen Sie den Weg der Selbstliebe und Selbstfürsorge ein, und schneller, als Sie sich vorstellen können, wird Ihr Heilungsprozess vorangehen, und Sie werden widerstandsfähiger gegen jeglichen Kummer mit der Liebe.

Menschen, die durch Lebenskrisen gegangen sind und diese bewältigt haben, gehen als »neuer Mensch« mit Stärke und Weisheit aus diesen Geschichten hervor. Sie verdrängen ihren Schmerz nicht, sondern nehmen ihn an und integrieren ihn in die eigene Lebensgeschichte und gehen weiter.

Und wie schon Oscar Wilde sagte: »Sich selbst zu lieben ist der Beginn einer lebenslangen Romanze.« Oder frei nach

Pippi Langstrumpf: »Ich mach mir die Welt, wie sie mir gefällt!«

Wir wünschen Ihnen auf Ihrem Weg der Selbstliebe viel Zuversicht, Kraft, Mut und Durchhaltevermögen sowie verständnisvolle Menschen.

Sachregister